北大版对外汉语教材·语法教程系列

中级汉语语法讲义

徐晶凝 著

图书在版编目(CIP)数据

中级汉语语法讲义/徐晶凝著. —北京:北京大学出版社,2008.1
(北大版对外汉语教材·语法教程系列)
ISBN 978-7-301-12914-2

Ⅰ. 中… Ⅱ. 徐… Ⅲ. 汉语—语法—对外汉语教学—教材 Ⅳ. H195.4

中国版本图书馆 CIP 数据核字(2007)第 168362 号

书　　　　名：	中级汉语语法讲义
著作责任者：	徐晶凝　著
责 任 编 辑：	宋立文(slwwls@126.com)
封 面 设 计：	宋立文
标 准 书 号：	ISBN 978-7-301-12914-2/H·1865
出 版 发 行：	北京大学出版社
地　　　　址：	北京市海淀区成府路 205 号　100871
网　　　　址：	http://www.pup.cn
电　　　　话：	邮购部 62752015　发行部 62750672　出版部 62754962
	编辑部 62752028
印 　刷 　者：	涿州市星河印刷有限公司
经 　销 　者：	新华书店
	730 毫米×980 毫米　16 开本　15.5 印张　200 千字
	2008 年 1 月第 1 版　2010 年 10 月第 2 次印刷
印　　　　数：	3001—6000
定　　　　价：	38.00 元

未经许可,不得以任何方式复制或抄袭本书之部分或全部内容。
版权所有,侵权必究
举报电话:010-62752024　电子信箱:fd@pup.pku.edu.cn

序

随着中国经济的持续发展，近年来，汉语作为第二语言的教学发展得十分迅速。这种快速发展的形势，对汉语作为第二语言的教育者提出了新的明确的目标，即把培养学习者具备语言交际能力作为汉语教学的最终目的，这一观点已经成为学界的共识。这个观点的确立也对汉语教学提出了新的挑战。它要求语言教育者在不同类型的语言课程中、在不同层次的语言教学中都贯穿培养语言交际能力这一思想，语法教学同样离不开这个目标。

如何在语法教学中实现这一目标？其中根本的一条就是教学者必须明确，在学习第二语言的过程中，学习者学习语法的目的不是为了掌握语法规则，而是凭借语法这一工具达到使用目的语的目的。作为一名在对外汉语教学领域工作了多年的教师，我对此深有体会。

自20世纪80年代起，我一直在北京大学为留学生讲授汉语语法，或中级语法，或高级语法，为此阅读和使用过多个版本的专为外国学生编写的语法教材，从中获得不少有益的教学内容，这些教材对汉语语法教学贡献良多。在对外汉语教学学科快速发展的今天，回过头来评价以往的语法教材，可以总结出它们具有两个共同特点：一是这些教材多沿用母语是汉语的人所使用的语法体系；二是教材的内容力求全面细致。这两个特点所产生的影响，从教学内容上看，会产生讲授的内容不一定是外国学习者所需要的，而学习者所需要的又不一定讲得到的现象；从讲授方法上看，讲授力求逻辑性强，力求科学、全面，因此讲授的过程重在对语言事实进行清晰的描写和分析，而不是落脚在提高学习者的汉语交际能力的培养上。为此，汉语作为第二语言的教师必须根据课堂需求补充所需内容，自己编写实用性、交际性练习提供给学习者。长期以来，学界一直呼吁针对性强的实用的汉语作为第二语言教学语法教材的问世。

徐晶凝老师的这本语法讲义在这方面做了很好的尝试。通读全书，给我的深刻印象是新颖和实用。

新颖体现在两个方面：一是语法项目的编排新颖，一是教材的立论新颖。

如作者在前言中所说："在语法项目的编排上，完全打破理论语法的框架，从句子生成的角度出发，把相关的语法项目编排在一起。"这是一种大胆的尝试，是对传统语法体系的一个挑战，也是为成熟的汉语作为第二语言教学语法体系的建立贡献力量。正因为如此，我们才会看到在传统语法教材中看不到的语法编排现象——把离合词和介词放在一章里；把"要、会、将，起来、下去"放在一起。为什么作者会这样编排语法项目？晶凝老师的目的很明确，她希望学习者不只从平面的角度了解汉语语法结构的模样，停留在能看懂句子、会分析语法结构的阶段，而是从立体的角度使学习者知道所学习的语法项目与事件表述之间的内在关系，以至对汉语句子的构造特点有一个总体把握，达到语法学习内化之后，在表达需要的时候自动生成句子。这也正是晶凝老师这本教材的立论和创新之处。这是非常好的想法和做法，是与时俱进的产物，终极目标就是实现学习者通过语法项目的学习达到语言交际的目的。

实用是晶凝老师这本语法讲义的另一特点。实用也表现在多方面：

首先，语言点的选择很实用。这是由于教材的使用对象明确——中级水平的外国学生；讲授目标清楚——使得学习者通过语法学习自动生成句子。语法项目的取舍以是否与讲授目标相一致为原则。因此本教材摒弃了传统语法教材先讲词法，再学习词组（结构），再从词组到句子的讲授顺序，而是从实用的角度出发，选取外国学生的难点进行讲解。

其次，练习丰富、实用。教材的每一章的后面都配有练习。练习形式既包括机械性练习，又包括交际性练习。这是因为作者很清楚地知道，没有机械性的练习不可能完成交际性练习，只有机械性练习也不可能真正实现语言交际。

再次，本教材实用性的另一体现是讲解有特色，方便使用者阅读。总的来看，教材里说明文字较少，而且浅显。如把字句，作者先从总体上对把字句的用法进行说明，即基本结构是：S+把+O+VP，然后再突出把字句使用上的一个特点，即动词不能是单个的动词。在此基础上，作者用表格的形式，分只能用把字句和可用SVO句型替换两种类型，分别给出句型和例句，使读者一目了然，便于掌握。再如很复杂的"了"，作者也是在很短的篇幅里，用浅显的文字、清晰的表格把"了"的两种用法都讲解得简单明了。

最后，实用性表现在适用面上。这本教材曾在北京大学新西兰汉语教师培训班上使用过，反响良好。在汉语国际推广形势大发展的今天，需要越来越多的汉语教师，这部教材即为国内外的汉语教师培训提供了一个新的选择，同时，本教材也适用于对外国留学生的汉语语法教学。

徐晶凝老师的这部教材为对外汉语教材的百花园中增添了一束亮丽的花朵。

一部成熟的教材必然需要经过实践的检验，需要经过反复的修正，更何况是一部立论新颖的语法教材。希望作者锲而不舍，能不断钻研，使这部立意新颖的教材不断完善。

徐晶凝老师自踏入对外汉语教学领域，一直勤奋努力，默默耕耘，她用自己的辛勤劳动和钻研精神为对外汉语教学事业贡献着聪明和才智。作为她的同事、她的朋友、她的老师，我由衷地为她感到高兴。

李晓琪

2007年6月于蓝旗营寓所

前　言

　　本书是为以汉语作为第二语言的学习者编写的实用语法教材，目的是帮助学习者进一步掌握汉语的基本结构规律，以提高他们的汉语水平。本书可作为中级语法选修课教材使用，适用对象是中级汉语水平的学生，即已经学完了甲级语法项目和部分乙级语法项目，掌握甲级词语，可写作600字以上长度的文章的汉语学习者。

　　本书也可以作为语法教学培训教材使用，适合对象为海外汉语教师，或者国内非汉语语言文字学专业背景的汉语教师。本书曾于2007年1月在北京大学新西兰汉语教师培训项目中试用，反映良好，对于帮助汉语教师了解现代汉语基本语法项目有直接的帮助。

　　本书的特点是：

　　一、在语言对比的基础上进行语言项目的选取与解释。首先对语法项目进行难易层次切分，基本上只包括那些初中级阶段学生应当掌握的语法项目；然后，结合学习者在汉语学习过程中的难点对语法项目进行取舍。

　　二、在语法项目的编排上，完全打破理论语法的框架，从句子生成的角度出发，把相关的语言项目安排在一起，如把离合词和介词放在一章讲解，把动词重叠式与时体表达放在一起。我期望学习者在学习完教材中不同的语法项目之后，能够知道这些语法项目对于构成一个事件的表述来说，起着什么样的作用，它们在汉语句子的基本框架中到底占据着什么地位，以及为何可以占据这样的地位，即期望学习者对汉语句子的构造特点有一个整体的把握，并从根本上提高正确生成汉语句子的能力。

三、练习丰富多样，既有单纯的知识检验性形式操练，也有交际性的应用练习。我认为，在初中级阶段，关注形式操练仍然应当在语法教学中占有重要地位，因此练习设计既要保证学生基本上掌握某个语法项目的形式，也要尽量给他们一些任务，进行应用性操练，从而避免学生在完成任务时因关注于意义表达而忽略形式，或者是相反。为了帮助学习者在具体语境中理解并使用某个语言项目，本书特意增加了阅读和写作练习。

四、本书语言浅显易懂，讲解深入浅出，目的是希望每一个使用本书的学习者都能看懂。

在本书的编写和试用过程中，很多老师和学生提出了宝贵意见，出版社的宋立文编辑为本书的顺利出版做了大量工作，在此一并表示诚挚的谢意！

我殷切地期望使用本书的老师和学生都能够喜欢她，期望您在学习本书内容的过程中，或者是学完后，能够感觉到汉语语法并不太难，语法并不枯燥，探索语言的结构奥妙无穷！

期待着来自您的宝贵意见。

徐晶凝
于博雅德园寓所

语法术语表

语法术语	读音	英文	简称
语序	yǔxù	word order	
形态变化	xíngtài biànhuà	inflection	
动词	dòngcí	verb	V
及物动词	jíwù dòngcí	transitive verb	Vt
不及物动词	bùjíwù dòngcí	intransitive verb	Vi
离合词	líhécí	verb-object compound	VO
名词	míngcí	noun	N
方位词	fāngwèicí	noun of locality	
形容词	xíngróngcí	adjective	Adj.
虚词	xūcí	functional word	
副词	fùcí	adverb	Adv.
介词	jiècí	preposition	Prep.
连词	liáncí	conjunction	Conj.
助词	zhùcí	auxiliary	Aux.
名词性成分	míngcíxìng chéngfèn	nominal phrase	NP
动词性成分	dòngcíxìng chéngfèn	verbal phrase	VP
介词词组	jiècí cízǔ	prepositional phrase	PP
主语	zhǔyǔ	subject	S
谓语	wèiyǔ	predicate	
宾语	bīnyǔ	object	O
定语	dìngyǔ	attributive	Attr.

（续表）

语法术语	读音	英文	简称
状语	zhuàngyǔ	adverbial	A
补语	bǔyǔ	complement	Comp.
结果补语	jiéguǒ bǔyǔ	result complement	
趋向补语	qūxiàng bǔyǔ	directional complement	
状态补语	zhuàngtài bǔyǔ	predicative complement	
可能补语	kěnéng bǔyǔ	potential complement	
修饰	xiūshì	modify	
重叠形式	chóngdié xíngshì	reduplicated form	
单音节	dānyīnjié	monosyllable	
双音节	shuāngyīnjié	disyllable	

目　录

第一讲　现代汉语语法的主要特点 ……………………………（1）
　一、现代汉语语法的主要特点 …………………………………（1）
　二、现代汉语句子的基本结构 …………………………………（3）

第二讲　时点和时量 ………………………………………………（9）
　一、时点和时量 …………………………………………………（9）
　二、时量词语在句子中的位置 …………………………………（10）
　三、几组时间词语辨析 …………………………………………（14）

第三讲　方位词与"在、是、有" ………………………………（20）
　一、方位词 ………………………………………………………（20）
　二、空间和时间 …………………………………………………（22）
　三、"在……上、在……中、在……下"辨析 ………………（23）
　四、"在、是、有"表存在 ……………………………………（24）

第四讲　离合词与介词 ……………………………………………（31）
　一、不及物动词和离合词 ………………………………………（31）
　二、介词 …………………………………………………………（34）

第五讲　在、正、着、呢 …………………………………………（39）
　一、在V、正V、正在V ………………………………………（41）
　二、V着 …………………………………………………………（42）

1

三、呢 ·· (45)

第六讲　"了、过、（是）……的、来着"，"不"和"没" ······ (51)
　　一、了 ·· (51)
　　二、过 ·· (57)
　　三、（是）……的 ·· (58)
　　四、来着 ·· (59)
　　五、"不"和"没" ·· (60)

第七讲　要、会、将，起来、下去 ································· (67)
　　一、要、会、将 ··· (67)
　　二、V+起+（O）来 ··· (72)
　　三、V+下去 ·· (73)

第八讲　动词重叠 ·· (79)
　　一、动词重叠的形式 ··· (79)
　　二、动词重叠的意义 ··· (80)
　　三、动词重叠常常出现的语境 ································· (80)

第九讲　形容词 ·· (86)
　　一、一般形容词的用法 ·· (86)
　　二、形容词做定语 ·· (87)
　　三、形容词做状语 ·· (88)
　　四、形容词做谓语或补语 ······································· (89)
　　五、形容词重叠 ··· (91)
　　六、"有点儿"和"一点儿" ····································· (93)
　　七、形容词与比较句 ··· (94)

第十讲　量词和名词 ……………………………………………… (99)
　一、量词的类 ……………………………………………………… (99)
　二、量词的一些特殊用法 ………………………………………… (104)

第十一讲　定语 …………………………………………………… (110)
　一、定语的类与"的" …………………………………………… (110)
　二、多项定语的顺序 ……………………………………………… (111)

第十二讲　状语 …………………………………………………… (117)
　一、状语的类 ……………………………………………………… (117)
　二、状语与"地（de）" ………………………………………… (118)
　三、多项状语的顺序 ……………………………………………… (119)
　四、副词与状语 …………………………………………………… (120)

第十三讲　结果补语 ……………………………………………… (127)
　一、结果补语的语义 ……………………………………………… (128)
　二、常用结果补语 ………………………………………………… (128)
　三、结果补语常常出现的句型 …………………………………… (131)

第十四讲　趋向补语与可能补语 ………………………………… (133)
　一、趋向补语 ……………………………………………………… (133)
　二、可能补语 ……………………………………………………… (136)

第十五讲　状态补语 ……………………………………………… (142)
　一、状态补语 ……………………………………………………… (142)
　二、结果补语与状态补语 ………………………………………… (143)
　三、状语与补语 …………………………………………………… (144)

第十六讲　把字句和被字句 ……………………………… (149)
　　一、把字句 ………………………………………………… (149)
　　二、被字句 ………………………………………………… (152)

第十七讲　语气助词 ……………………………………… (159)
　　一、疑问句与"吗""吧""呢""啊" ……………………… (160)
　　二、感叹句与"啊" ………………………………………… (161)
　　三、祈使句与"吧""啊""嘛""呗" ……………………… (161)
　　四、陈述句与"呢""嘛""呗""啊""吧" ………………… (164)
　　五、语气助词的其他用法 ………………………………… (169)
　　六、综合运用语气助词的例子 …………………………… (171)

附录一　中级语法自测题 …………………………………… (178)
附录二　部分练习参考答案 ………………………………… (185)

主要参考文献 ………………………………………………… (230)

第一讲

现代汉语语法的主要特点

> 现代汉语语法和其他语言相比,有相同的地方,也有不同的地方。不同的地方,我们学习起来就要多加注意。因此,学习汉语语法,首先要大概了解一下汉语语法的主要特点。

一、现代汉语语法的主要特点

1. 语序(word order)很重要。

语序不同,意思就可能不同。如:

(1) 我要和他结婚。
    他要和我结婚。
(2) 我跳在马背上。
    我在马背上跳。
(3) 北边的楼
    楼的北边

2. 虚词(functional word)很重要。

虚词指的是那些没有实在意义的词,主要有副词(adverb)、介词

(preposition)、连词（conjunction）、助词（auxiliary）等。有时候，我们必须使用虚词，而且虚词在句子中的位置也往往是不自由的。如：

(1) *我要见面我的朋友→我要和我的朋友见面。
(2) *我很感兴趣汉语语法。→我对汉语语法很感兴趣。
(3) *我书很多。→我的书很多。
(4) *虽然他喜欢汉语，不喜欢语法。→虽然他喜欢汉语，但是，不喜欢语法。
(5) *如果他学习语法，就他的汉语水平能很快提高。→如果他学习语法，他的汉语水平就能很快提高。

3. 动词没有形态变化（inflection）。

在汉语中，动词无论在什么情况下都是一样的，不需要变化形态。如：

(1) 我学汉语语法。 （I study Chinese grammar.）
(2) 他学汉语语法。 （He studies Chinese grammar.）
(3) 我学汉语语法了。 （I studied Chinese grammar.）
(4) 我在学汉语语法。 （I am studying Chinese grammar.）
(5) 我将学汉语语法。 （I am going to study Chinese grammar.）
(6) 学汉语语法很好。 （Studying Chinese grammar is great.）

从上面的例子中，我们可以知道，在英语等语言中，用形态变化表示的语法意义，在汉语里，往往是用加虚词的方法来实现的。

另外，汉语里有一些动词有两种形式：双音节（disyllable）和单音节（monosyllable），如"学习——学、考试——考、修理——修"等。一般来说，双音节动词的动词性相对弱一些，大多可以受名词的修饰（modify），可以在句子中做主语（subject）等。这样用的时候，双音节动词大致与英语中的动名词（gerund）相当，可是，单音节动词一般不可以这样用。如：

(1) 汉语学习很重要。
　　*汉语学很重要。
(2) 学习是一种乐趣。
　　*学是一种乐趣。
(3) 自行车修理部在那儿。
　　*自行车修部在那儿。

二、现代汉语句子的基本结构

现代汉语句子的基本结构是：S-V-O (Subject-Verb-Object)。如：

(1) 我 (S) 学习 (V) 语法 (O)。
(2) 谁 (S) 是 (V) 语法老师 (O)?
(3) 你 (S) 去 (V) 哪儿 (O)?

如果我们把句子中其他的主要成分也包括进来，现代汉语句子的基本结构可以表示为：

(Attr.)	S	(时间)	在 (地点)	(方式等)	V	(Comp.)	(Attr.)	O
的				地	(得)			
我	的朋友	今天	在 书店	顺利	地买	到了	那本很好的语法书。	
那件	衣服	昨天上午		就		洗得	干干净净的了。	

这里有几个语法成分，我们需要简单地讲一下。

定语 (attributive)：放在名词性成分 (nominal phrase) 前面，修饰名词性成分。某些定语的后面可以加"的"。如：

(1) 他是我的朋友。

(2) 我有一个中国朋友。
(3) 他是一个热情的朋友。
(4) 他是大家最喜欢的朋友。
(5) 喜欢唱歌的朋友来这边，喜欢跳舞的朋友去那边。

状语（adverbial）：放在谓词性成分（verbal phrase）前面，修饰谓词性成分。如：

(1) 我今天学习语法。
(2) 我在教室里学习语法。
(3) 我和他一起学习语法。
(4) 我用这本书学习语法。
(5) 我高高兴兴地学习语法。
(6) 他非常聪明。
(7) 为了提高汉语水平，我学习语法。

那些说明"什么时候（when）、哪儿（where）、怎么样（how）、为什么（why）"等的成分，在句子中一般是状语，都要放在动词的前面。有些状语的后面常常加"地"。

补语（complement）：放在谓词性成分后面，补充说明谓词性成分。如：

(1) 这本书我学完了。（结果补语 result complement）
(2) 我们终于爬上了山顶。（趋向补语 directional complement）
(3) 他学得很慢，我学得很快。（状态补语 predicative complement）
(4) 这个很容易，我学得好，你放心。（可能补语 potential complement）

状态补语、可能补语和动词之间要加"得"。在其他很多语言里没有"补语"这样的语法成分，而是用其他方法表达"补语"这样的概念。如：

(1) Look, you will see it. （看，你会看见的。）

(2) I've been looking for a friend, but I haven't found one. （我一直在找朋友，但还没找到。）

(3) It is easy, I can study well. （很容易，我学得好。）

一、组词成句

1. 我们　问题　班　同学　的　汉语　语法　在　讨论

2. 他　我　家　来　明天

3. 学生　的　跑　进　教室　急忙　迟到

4. 我　见面　朋友　跟　八点　晚上　今天

5. 每天　我　晚上　录音　听　半个　小时

6. 我　书　借　图书馆　去　朋友　跟　一起

7. 人　在　走　我　同学　前面　的　是　的

8. 他 衣服 洗 干干净净 的 被 得

9. 她 地 把 杯子 扔 地上 生气 在

10. 我们 在 唱 歌 了 三个 小时 卡拉OK厅

11. 一直 个 星期天 十点 到 家 在 睡懒觉 上 从 八点 我

12. 干净 妹妹 衣服 洗 洗 得 我 不

二、选词填空

| 的 地 得 |

1. 那是王老师（　　）书，不是他（　　）。
2. 妹妹送给我（　　）生日礼物很好。
3. 真是一个感人（　　）故事！
4. 他安安静静（　　）坐在那里看书。
5. 客人快到了，晚饭准备（　　）怎么样了？
6. 你做了些什么，大家都看（　　）见，不必解释了。
7. 唱歌唱（　　）很好（　　）同学都高高兴兴（　　）去参加比赛了。

三、判断正误并改错

1. 我工作在一家大公司。

2. 我对他问美国的情况。

3. 1947年10月，我的爸爸结婚了我的妈妈。

4. 我见面了我的朋友两次。

5. 他三个小时看电视了。

6. 我毕业大学1996年，明年我就结婚了，现在我的孩子已经六岁了。

7. 北京大学的留学生有左右两千个。

8. 我以前睡觉，常常要看看书。

9. 我放书在桌子上。

10. 一我看见他，就我很生气。

11. 一共我和祖父见了五次面。

12. 他说我们应该从北京到昆明坐火车去。

13. 为了买火车票，大家都在火车站里得等很长时间。

14. 我从华盛顿去北京坐飞机。

15. 我希望提高中文水平在这门课上。

16. 1999年9月，我旅行到巴黎。

17. 在左边有一个电视，我跟朋友常常一起看。

18. 我也觉得它是一个小舒适的房间。

19. 我总去摘草莓在一块田里。

20. 旅行是很好的办法了解其他文化。

21. 我的三个朋友们来看我。

22. 桌子们都很脏。

四、说说下面语序不同的短语各是什么意思

（1）不怕辣 vs 怕不辣

（2）屡战屡败 vs 屡败屡战

（3）吃什么有什么 vs 有什么吃什么

（4）说好话 vs 好说话 vs 话好说

五、你能不能想出一些语序不同，意思也不同的例子？

六、趣味阅读
　　要求：注意语序。

辣　为　媒

　　来中国工作以前，我不吃辣椒。1999年，我到深圳工作，认识了一个江西辣妹子。她改变了我的口味，也改变了我的生活。
　　人们都说四川、贵州和湖南人爱吃辣椒，但是，在我看来，江西辣妹子吃辣椒更厉害。她不怕辣，她怕不辣。每顿饭如果没有辣椒，她就吃不下。我第一次和她一块儿吃辣椒的时候，我就觉得别有风味。红红的辣椒洋溢着激情，充满着生命的活力，但是，那时候我吃辣椒的水平还不高。
　　正好，深圳有一家饭馆儿叫"湘鄂情"。老板是湖南人，做的菜很辣。老板娘是湖北人，做的菜不太辣。所以，我们常常去那儿，她吃辣的，我吃不太辣的，各取所需，日子过得很有辣味。
　　后来，我们随公司搬到北京。我吃辣的水平在她的带动下突飞猛进。随着我吃辣水平的提高，我们的感情也在升温。我觉得离不开辣椒，更离不开辣妹子，但是，我一直找不到机会向她表白。
　　终于有一天，机会来了。我们在北京一家川菜馆儿吃晚饭，当我透过腾腾的辣雾，看着她一双辣得水汪汪的大眼睛的时候，我鼓起勇气，问她："我可以跟你吃一辈子的辣椒吗？"我的辣妹子满脸通红，火辣辣地说："没问题。"
　　那是我终生难忘的一顿辣椒饭。我爱辣椒，我爱我的辣妹子。

　　（选自《文化灿烂的中国——第三届"汉语桥"世界大学生中文比赛》，作者：〔美〕裴挚，北京邮电大学出版社，2004年，有改动）

第二讲

时点和时量

> 表示时间的名词性词语大概可以分为两大类：一类是表示时点（time-when）的，一类是表示时量（time-duration）的。它们在句子中的作用不一样，位置也不一样，但都与动作发生的时间有关。

一、时点和时量

时点词语：时点词语表示事情发生的时间点。如：

去年　今年　明年
昨天　今天　明天
上午　中午　下午　晚上
星期一　星期二　星期六　星期天
上上个月　上个月　这个月　下个月
上个星期　这个星期　下个星期
10月1号　8月15号
八点　八点半　差五分八点　八点一刻　八点十分
以前　现在　以后

大部分时点词语可以放在句子的主语前，也可以放在句子的主语后。如：

(1) 我明天上午 8:00 有考试。
    明天上午 8:00 我有考试。
(2) 来北京以前，我不会说汉语。
    我来北京以前不会说汉语。

时量词语：表示动作持续的时间长短。如：

两分钟　一个小时　一个晚上　一天　一个星期　一个月　一年

二、时量词语在句子中的位置

1. S+V+［时量词语］+O

时量词语放在动词的后面，表示动作持续的时间。如果动词后还有宾语，时量词语要放在宾语前。如：

(1) 你好好睡【一会儿】，也许睡醒后就会好一些。
(2) 我前后左右地看这幅画儿，看了【半天】，也没发现好在哪儿。
(3) 飞机推迟了【一个小时】才起飞。
(4) 我学了【一年】<u>语法</u>了。
(5) 做了【两个小时】<u>作业</u>，太累了，出去走走吧。

注意：

如果句子中又有宾语，又有时量词语，也可以这样说：
S+V+O+V+［时量词语］。如：

(1) 我学语法学了一个小时。
(2) 你学汉语学了多长时间？

如果动词的宾语是代词,时量词语要放在代词后。如:

(1) 我等了你三年。
(2) 我来这里三个月了。

2. ［时量词语］+V
时量词语也可以放在动词的前面,但是,往往有一些限制条件。

A. (在)……(之)内/(在)……里/一连……/……来

(1) 他一定要在今天见到你,【一个小时内】打了三个电话。
(2) 没想到近【一个小时内】连拨了八次,最后几次都加上了119,竟然也不行。
(3) 如果【在三个星期之内】没有人给她提供支持和帮助,她怎么办呢?
(4) 今天关起门想问题,【一个小时里】谁也不见。
(5) 这【一个小时里】,我一直在学语法。
(6) 【一连三个星期】,他把自己关在一间小屋子里,认真地写作。
(7) 【三个星期来】,广告栏是我看得最多的。

说明:
时量词语在动词前,可以表示在一个时段里发生了什么事情。在句法上,除了有"(在)……(之)内/(在)……里/一连……/……来"等,句子中还往往有其他的数量词语,或者是否定表达式。再如:

(1) 有天晚上你没回来,我【一会儿】就接了七八个找你的电话,有个女孩还问我你是谁。
(2) 【一天】安排出一小时来锻炼,你身体就会慢慢好起来的。
(3) 这位太太【一天】要烫两次头,家里小孩【一天】看三场电影……

(4) 我从来都没想到，一个女人竟然会【在一天之内】和几个男人亲吻。

(5) 她摇摇头，【一时之间】说<u>不</u>出话来。

(6) 在屋前屋后找了一个多小时，等到见面时，我还【一时】想<u>不</u>起来。

B. （在）……之后/以后/后

(1) 差不多【一个小时之后】，天空才恢复一片蓝色。
(2) 【一会儿之后】她说："你来决定。"
(3) 【三个星期后】，玛丽基本恢复健康了。
(4) 在学习了三个月的汉语以后，他就能和中国人交流了。

注意：
如果时量词语是"一会儿、不久、好半天"等，"之后"可以省略。如：

(1) 我不在乎这些，【一会儿】我还要去找那个人！
(2) 孩子【一会儿】就睡着了。
(3) 我们【不久】就会见面的，几天后我就离开这里去找你们。
(4) 【好半天】，他<u>才</u>说出一句话："你要出事的。"

C. 强调否定： 时量词语一般只是"一会儿/一天/一分钟"等

(1) 虽然疼得要命，但是，他不但没有哭一声，而且，【一会儿】都没有忘了游戏的事。
(2) 他【一天】<u>也</u>没去过。
(3) 我【一分钟】<u>也</u>不想看。

D. 对举句式：交替，递变

(1) "设计"要有艺术眼光，沙发【一会儿】靠墙【一会儿】靠窗；书架【一会儿】朝南【一会儿】朝北，家像迷宫一样几天一个样儿，家里的气氛新鲜、有趣。

(2) 她的丈夫【一会儿】去这儿，【一会儿】又去那儿，整天不回家。

(3) 你也别太着急了，这事【一会儿】一变的，随他便吧。

(4) 我不知道爱的理由，只知道你【一天】不来，【一天】不看到你脸上的微笑，【一天】不在厨房里为我做菜，我就会在黑暗里独坐一夜。

(5) 你【一天】守着孤独，我活在这个世界上内心就会有【一天】的不得安宁。

最后，看一个时量词语综合使用的例子：

他【一天】不见你，你就得等【一天】；他【十天】不见你，你就得等【十天】；他【一个月】不见你，你就得等【一个月】。

❓ 判断正误并改错

1. 他回来的时候，我看电视了四个小时。
2. 他回来的时候，我四个小时看电视了。
3. 他看电视看了四个小时，真够无聊的。
4. 我等了一个小时他，一个小时我什么也没做。
5. 好好，你先等一等，我就来一会儿。

三、几组时间词语辨析

1. "时间"和"时候"

一节课的时间是 50 分钟。　　上课的时候不能吃东西。
从宿舍到教室要多长时间？　我到教室的时候，已经是 9:15 了。
早上上课的时间是 8:00。

A：现在是什么时间？　　A：你什么时候来的？
B：现在是八点。　　　　B：我昨天来的。

说明：
"时候"表示的是时点意义，"时间"可以是时点，也可以是时量。

选词填空

时间　时候

1. 现在是北京（　　）六点整。
2. 通知大家两件事：一、考试的（　　）改了。二、考试的（　　）不要带任何书。
3. 不能浪费（　　），这么简单的道理你也不知道吗？
4. 你现在有（　　）吗？
5. 有（　　），我真想不学汉语了，太难了。
6. 我刚来北京的（　　），一句汉语也不会说。
7. 你什么（　　）有空儿？咱们该一起聊聊了。

2. "左右"与"前后"

五点左右　　五天左右　　*春节左右
五点前后　　*五天前后　　春节前后

说明：

"前后"只能在时点词后。"左右"可以在时点词后，也可以在时量词后。但是，"左右"不能用在"春节"等专名（proper name）后。另外，"左右"除了表示时间外，还可以表示其他数量。

 选词填空

左右　前后

1. 我在中国学习了十个月（　　）。
2. 到圣诞节（　　），我就要回国了。
3. 我们约好六点（　　）见，可是现在已经七点了，他还没来。
4. 他个子一米八（　　），也很帅。
5. 你可以带20公斤（　　）重的行李。

3. 以前／以后、以来、以内

(1) 我是三天以前才知道这件事的。
(2) 1993年以前我没离开过父母。
(3) 半个月以后再去看通知吧。
(4) 2003年以后她发生了很大的变化。
(5) 三年以来她一直不太开心。
(6) 这次的作业一周以内一定要交。

说明：

"以前／以后"表示的是时点意义，"以来／以内"表示的是时量意义。

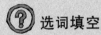 选词填空

以前　以后　以来　以内

1. 他回国已经三年了，三年（　　）他一直在学习汉语。
2. 10年（　　）她还是个小姑娘，现在已经是两个孩子的妈妈了。
3. 我只给你们一个星期的时间，一个星期（　　）一定要交作业。
4. 妈妈，现在路上堵车，我大概8点（　　）回不来了。
5. 回国（　　）我没有再和他联系。
6. 你的肺已经很不好了，（　　）你不能再抽烟了。
7. 我也不了解她（　　）的情况。
8. 现在只管现在，（　　）怎么样谁知道呢？

4. 其他时间词

还有其他一些时间词语容易用错。请做下面的练习，看看你是否已经掌握了它们的用法。

 选词填空

明天　第二天

1. 熬了一夜，你太辛苦了，（　　）不要来上班了，在家好好睡一觉吧。
2. （　　）就要考试了，你怎么还要去酒吧？
3. 我2月15号到了北京，（　　），我就参加了分班考试。
4. 我回到家里的（　　），就给王老师打了一个电话。

5. 那天我们一起逛了一下午街，（　　）早上她就回去了。

以后　后来　然后

1. 4年（　　），我们就毕业了。
2. 长大（　　），我要当一个画家。
3. 从那天（　　），我再也没见过他。
4. 听完我的话，他想了想，（　　）就告诉了我一个秘密。
5. 我们先去逛商店，（　　）再一起吃午饭，好吗？
6. 我小时候很喜欢吃巧克力，（　　），不喜欢了。
7. 刚结婚的时候，他们很幸福，可是，（　　）离婚了。

一、判断正误并改错

1. 你别着急，十分钟他一定会来。
2. 你每天晚上多长时间睡觉？
3. 我出生5号11月1980年。
4. 我不是舍不得花钱，但是，我不想把我的钱花完一天内。
5. 我要来中国下个学期。
6. 又花了十一个时间，我们回去了。
7. 1997年我一趟去过西安。
8. 在澳大利亚，我们每年四次一起出去。
9. 我们换车好几次了。

10. 到了宿舍，三十分钟休息以后，我们开始练习口语。

11. 我们六个小时爬了山。

12. 到洛杉矶以后，我们一天在那里休息。

13. 我们应该八个小时坐飞机。

14. 我寒假去了一个星期云南旅游。

15. 我们两个星期开车去有名的地方访问。

16. 从天津到西安要左右 15 个小时。

17. 我们过了五天在上海。

18. 每个晚上我们四五个小时吃晚饭。

19. 五天在上海待了以后，我们两天去宁波和周庄旅行了。

二、仿照例子改写句子

例：整整一个上午，我都在跟老师谈话。

→我跟老师谈了一个上午话。（S+V+［时量词语］+O）

1. 两个小时里，我一直在想问题。

2. 他以前有两次去中国的经历。

3. 他 1993 年来北京学习汉语，2005 年才回去。

4. 从星期一到星期五他都在工作。

5. 我从 8 点开始做作业，10 点做完。

6. 这一年多里，他一直照顾我。

7. 他是一个多月前来这里的。

三、作文：一次难忘的旅行

要求：(1) 字数 300~400 字；

(2) 注意句子的结构；

(3) 要用上时量词语。

[范文]

第一次来中国

  我第一次来中国的情景至今还一直留在我的记忆里。
  <u>2001年9月</u>，我在一家公司的外贸部门开始了工作。<u>一个月以后</u>，我的老板告诉我，我们要去香港访问客户。我特别高兴。
  离开巴塞罗那的<u>那一天到了</u>。<u>2001年10月18日</u>，这个时间，我绝对忘不了。
  在飞行中，我跟我的老板聊了很多。我们<u>一分钟也没浪费</u>。
  <u>到达香港以后</u>，我们坐出租车去了旅馆。我注意观察了周围的人、房子、汽车。到旅馆三四个小时之后，我们的客户来欢迎我们了。我们一起去吃了晚饭。在饭店里，<u>还没点菜的时候</u>，我注意到大家喝的饮料是热茶。<u>开始吃饭的时候</u>，我遇到了一个大问题：我不会用筷子！可是，我们的客户热心地教我。我<u>一会儿用筷子</u>，<u>一会儿用刀叉</u>。这让我觉得很不好意思。
  这样，我在中国的<u>第一天</u>过去了。
  以后的几天，我们很忙。<u>四天里</u>，我们一直没有空儿去游览。真遗憾！可是，那次旅行对我产生了很大的影响，使我对中国产生了浓厚的兴趣。

（[西班牙] 范娜莎）

第三讲

方位词与"在、是、有"

> 本讲我们学习的内容与动作发生的地点表达有关。

一、方位词

现代汉语里，动作发生的地点一般放在动词前面。
S+ 在 +［地点］+V。如：

(1) 我在北大学习汉语。
(2) 我在中国旅行了一个星期。
(3) 我在草地上躺着听音乐。

除了"北大、中国"这样的词语可以表示地点以外，我们也可以用"名词＋方位词（noun of locality）"的方法表示地点，如"草地上"。汉语里的方位词主要有以下一些：

上 下 左 右 前 后 里 外 东 西 南 北
上……（+边/面）
中间　旁边

"上、下……南、北"这些方位词是单音节的,它们后面还可以加上"边/面",形成双音节方位词,如"上边/上面、里边/里面、东边/东面"等。

单音节方位词一般要加在别的名词后面;双音节方位词可以单用,也可以加在别的名词后面,而且双音节方位词前面还可以加"的"。如:

(1) 桌子上有很多书。
(2) 桌子(的)上面有很多书。
(3) 上面是本子,下面是书。
(4) 你进里边去吧。

注意:

1. "中国、日本、北京、山东"等地理名词后面,不能加方位词"里、外"。如:

(1) 中国有很多高山大河。
(2) 北京有很多商店。

2. "学校、公司、图书馆"等名词,既可以表示工作单位,也可以表示建筑物。如果在语境中它们表示的是建筑物,那么,它们的后面可以加方位词"里、外";如果表示的是工作单位,则不可以加。如:

(1) 学校外边有很多商店,学校里边没有。(建筑)
　　我们学校有很多学生。(工作单位)
(2) 我爸爸在图书馆工作。(工作单位)
　　图书馆里有很多书。(建筑)

3. 如果要用一般名词表示方位,其后一定要加方位词。如:

(1) 教室里有很多学生。

(2) 桌子上有很多书。

(3) 宿舍的前边有一棵枣树。

(4) 图书馆和教学楼的中间是食堂。

> **判断正误并改错**
>
> 1. 北京大学里有很多学生,是一个很大的大学。
> 2. 北京大学有一个银行和一个邮局。
> 3. 这里没有好饭店,我们到北京大学里边看看吧。
> 4. 那个国家里有很多大城市。
> 5. 东京里有很多人。
> 6. 他想到船去看看。
> 7. 在朋友,我们俩是最好的。

二、空间和时间

方位词除了可以表示空间,还可以表示时间。如:

教室前 / 教室后 → 三年前 / 三年后

前三年 / 后三年

来中国以前,我不太了解中国。

继续努力吧,前面的路还很长。

前年 / 后年

八点前后

桌子上 / 桌子下 → 上个月 / 下个月

我的左边 / 右边 → 三年左右

教室里 / 教室外 → 三年里 三年开外

表示空间的词语也可以用来表示时间，这是人类语言的一个普遍特点，也是人类认识世界的一种方式，哲学家把它叫作"隐喻（metaphor）"。

三、"在……上、在……中、在……下"辨析

(1) 在工作上他是一个很能干的人，可是在生活上却一塌糊涂。
改革开放以来，中国在经济上的发展很快。
(2) 在我的印象中，他总是很沉默，不太爱说话。
学习中遇到问题，请尽管来问我。
要多跟人交往，而且在交往中要注意礼貌。
(3) 在朋友的鼓励下，他终于坚持跑完了3000米。
在爸爸的影响下，我也喜欢上了中国书法。

说明：

"在……上"表示"在……方面"。"在……中"表示范围或过程。"在……下"表示条件。可以用于"在……下"句式的词语主要有"教育、支持、鼓励、鼓舞、带动、启发、要求、帮助、影响"等双音节动词，而且这些词语前面往往要加上表示"谁的"这样的词语。

 选词填空

上 中 下

1. 在朋友的帮助（   ），她的口语有了很大的提高。
2. 在老师和家长的共同努力（   ），孩子终于回到了学校。
3. 他的身体已经康复了，但是精神（   ）还不太稳定。

4. 他在饮食（　　）非常讲究，是个美食家。
5. 大家在讨论（　　）发现了很多问题。
6. 在现代作家（　　），我最喜欢林语堂。

四、"在、是、有"表存在

	主语(subject)		宾语(object)		句式意义
	意象(figure)	背景参照(ground)	有定(definite)	无定(indefinite)	
在	＋				
是		＋	＋	＋	全部列举
有		＋		＋	

说明：

1. 如果用意象做主语，动词要用"在"。如：

<u>银行</u>在学校里。
意象

2. 如果用背景参照做主语，即方位短语做主语［location expressions as sentence beginners］，动词可以用"是"或者"有"。

如果后边的宾语名词是有定的，动词应该用"是"。如：

<u>邮局对面</u>是<u>中国银行</u>。
　背景　　　有定

如果后边的宾语名词是无定的，动词可以用"是"，也可以用"有"。如果用"是"，表示只有这些东西；如果用"有"，表示可能还有别的东西。如：

(1) <u>大学对面</u>　有　<u>一个邮局</u>。
　　　背景　　　　　　无定

(2) <u>靠墙</u>　是　<u>一排书架</u>。
　　背景　　　　无定

一、判断正误并改错

1. 我的宿舍就是教室的前边。
2. 商店里在很多东西。
3. 北京大学的北边有圆明园。
4. 有一只小花猫在下边的桌子。
5. 你的书是我这儿，不在你的房间里。
6. 南边有我们学校。
7. 澳大利亚国立大学是在堪培拉。
8. 我最想学在语法课里是怎么可以分开这些词的用法。
9. 在我们大学在美国，中文和中国文学系很不好。
10. 我喜欢的季节是春天。以前春天是冬天。
11. 我的家人住在西南的法国。
12. 火车里乘客太多，挤得要命。
13. 我过了三个星期在北京。
14. 我喜欢很贵的菜，可我也很喜欢很便宜的菜，可以在路买。
15. 我的家是在稻香园小区的里面的。
16. 圣母大学的图书馆是美国内最大的图书馆。

17. 在北京逗留之间，我想去很多地方了解中国。
18. 从去年十一月份以后，我一直住在这所房子。
19. 在电视节目，可以看到很多有意思的事情。
20. 那一天在北大里，我们都很高兴。
21. 他床上坐着看北京电视台的节目。
22. 我现在住在的那家宾馆条件好极了。

二、选词填空

| 在 是 有 |

1. 这儿（　）一个书架。书架的上边（　　）书、杂志和画报。书（　　）书架的上边，画报（　　）书架的下边，杂志（　　）书架的中间儿。

2. 这（　）我家的相片。相片上（　　）我的爸爸、妈妈、妹妹和我。中间儿的人（　　）我爸爸，妈妈（　　）爸爸的左边。爸爸的右边（　　）我的妹妹。我（　　）他们的后边。

三、用所给的词语加上方位词后填空

| 眼睛　路　楼　身　窗　学生　国 |

1. 上下班高峰的时候，（　　）车很多。
2. 我（　　）没带钱，你能不能先借我一点儿？
3. （　　）洒满月光，太漂亮了。
4. 他非常伤心，（　　）含满了泪水。

5. 书店就在（　　），很近。

6. （　　）有一些不满情绪，要注意。

7. （　　）有很多人还不太了解中国。

四、跟你的同学一起看图说话

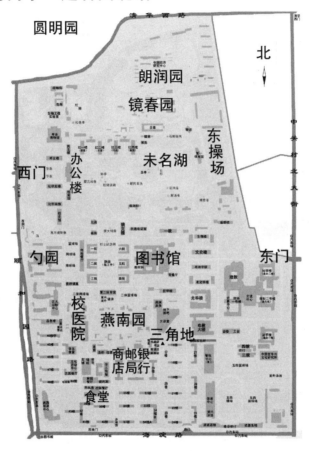

五、作文

介绍一下你的房间，你们大学，或者一个你喜欢的地方。

要求：用上方位词和"在、是、有"。

六、趣味阅读

要求：注意"在……上"的用法。

"上人"回家

"上人"先生是非常有名的语言艺术家。据说他的语言有两个特点：一是听起来不怎么具体，有时候还有些空洞；二是讲话不大看对象和场合。他满口离不开"原则上""基本上"。这些本来很有内容的字眼儿，到他嘴里就成了口头禅，无论碰到什么，他都要说一个"上"。于是，有人就给他起了一个外号："上人"先生。

有一天已经是傍晚了，"上人"先生还没回家，他的妻子一边照顾小女儿，一边做着晚饭。忽然听到门外一阵脚步声，"上人"推门走了进来。妻子赶忙迎上前去。

妻：今天你怎么这么晚才回来？

上：<u>主观上</u>我是希望早点儿回来的，但是由于<u>客观上</u>无法控制的原因，我<u>实际上</u>回家的时间跟正常的时间有了距离。

妻（撇了撇嘴）：你干脆说吧，是会散晚啦，还是没挤上汽车？

上：<u>从质量上说</u>，咱们这10路公共汽车的服务水平不能算低，可是<u>在数量上</u>，它还远远跟不上现实的需要。

妻（不耐烦）：大女儿还没回来，小女儿说饿得慌。二丫，叫妹妹过来吃饭吧！

（小女儿刚满三周岁，怀里抱着个新买的布娃娃，一扭一扭地走了过来。）

小女儿：爸爸，你看我这个娃娃好看不好看？

上：<u>从外形上说</u>，它有一定的可取的地方。不过，嗯，（他扯了扯娃娃的胳膊）不过它的动作还不太灵活。

小女儿（撒娇地）：爸爸，咱们这个星期天去不去公园呀？

上：<u>原则上</u>，爸爸是同意带你去的，因为公园是个公共娱乐活动的地方。不过——不过最近气候变化很大，缺乏稳定性，等自然条件好转了，爸爸一定满足你这个愿望。

妻（摆好了饭菜和碗筷）：吃吧！

小女儿（推开饭碗）：爸爸，我要吃糖。

上：你热爱糖果，这是完全可以理解的。这种副食品要是不超过一定量，对身体可以起到良好的作用。不过，今天早晨妈妈不是分配给你两块水果糖了吗？

妻：我来当翻译吧。你爸爸是说，叫你先乖乖儿地吃饭，糖吃多了长虫牙！（温柔地对"上"）今天我买了一点儿海带，用它做了一个汤，你尝尝合不合口味？

上（舀了一勺，喝下去）：嗯，不能不说是还有一定的滋味。

妻（茫然地）：什么？倒是合不合口味呀？

上（被逼得实在有些不好意思）：<u>从味觉上说</u>——如果我的味觉还有一定的准确性的话——下次如果再做这个汤的话，那么我倾向于再多放一点儿液体。

妻（猜着）：噢，你是说太咸啦，对不对？下回我做淡一点儿就是了。

（正吃着饭，一个十五六岁的姑娘推门走进来，这就是大女儿。她叫"明"。）

明：爸爸，（由书包里拿出一幅水彩画，得意地说）这是同学送我的，听说是个青年女画家画的。你看这张画好不好？

上（接过画来，歪着头望了望）：这是一幅有着优美画面的画。在我看来（沉吟了一下）它具有一定的吸引力。这一点自然跟画家在艺术上的修养是分不开的。然而在<u>表现方式上</u>，还不能说它完全没有缺点。

明：爸爸，它哪一点吸引了你？

上：从原则上说，既然是一幅画，它又是国家的美术出版社出版的，那么，它就不能不具有一定的吸引力。

明（不服气）：那不成，你得说什么啊！（然后，眼珠子一转）这么办吧：你先说说它有什么缺点。

上：它有没有缺点，这一点自然是可以商量的。不过，既然是青年画家画的，那么，从原则上说，青年总有他生气勃勃的一面，也必然有他不成熟的一面。这就叫做事物的规律性。

明：爸爸，要是你问我为什么喜欢它呀，我才不会那么吞吞吐吐呢。我就干脆告诉你：我喜欢芦苇旁边的那群鸭子。瞧，老鸭子打头，后边跟着（数一、二、三、四……）七只小鸭子，我好像看见它们背上羽毛的闪光，听到它们的小翅膀拍水的声音。

上：孩子，评论一件完整的艺术品，你怎么能抓住一个具体的部分？而且，"喜欢"这个字眼儿太带有主观色彩了。

明（不等"上"说完就气愤地插嘴）：我喜欢，我喜欢。喜欢就是喜欢。我总算告诉了你我喜欢它什么，你呢？你"上"了半天，（鼓着嘴巴，像是上了当似的）可是你什么也没告诉我！

妻：明，别跟你爸爸争啦。他什么时候告诉过别人什么呢！

(根据萧乾的同名小说改编)

第四讲

离合词与介词

> 本讲主要介绍如何在句中引入动作的对象等成分。动作涉及的对象一般放在动词的后面，作宾语 (object)。有时候，要通过介词将其引入句子中来。

一、不及物动词和离合词

根据后面能不能带宾语，动词可以分成两个大类：及物动词 (transitive verb，简称 Vt) 和不及物动词 (intransitive verb，简称 Vi)。及物动词的后边可以直接加宾语，但是，不及物动词不可以。如：

Vt：学（汉语）　吃（面包）　看（书）　听（音乐）
　　摸（鼻子）　问（问题）
Vi：休息　走　死　活　醒
　　见面　结婚　感兴趣

"见面、结婚、感兴趣"这些动词，它们是比较特别的。第一，在词类上，它们是不及物动词，但是，在意义上，它们是可以有宾语的，如"见面"，就一定要涉及见"谁"的问题。第二，它们是动宾复合词

(Verb-object compound，简称 VO)。第三，它们是可以拆开来说的，如"见了两次面"。在现代汉语的语法研究中，它们有一个专门的名字——离合词。

下面，我们看一组例子，了解离合词的用法：

帮助　帮　　　　　　　帮忙
我要帮助朋友。　　　　我要帮朋友的忙。
我要帮朋友。

我帮助了朋友。　　　　我帮了朋友的忙。
我帮助了两次朋友。　　我帮了朋友两次忙。
帮助帮助他吧。　　　　帮帮我的忙吧。

见　　　　　　　　　　见面
我要见你。　　　　　　我要和你见面。
　　　　　　　　　　　我和他见了两次面。
　　　　　　　　　　　要见他的面，真是太难了。

说明：

1. "帮助、帮、见"是一般的及物动词，可以直接在后面加宾语，但是，"帮忙、见面"是不及物动词，不能在后面加宾语。

2. 如果要把"见的人"或"帮的人"表示出来，大概有三个办法：一是用虚词（一般是介词），如"和你见面"；二是只用前面的字，如"见你、帮你"；三是用一个特别的结构，如"见你的面、帮他的忙"。

3. 如果离合词表示的动作行为是一个双方行为，我们只能用"和+sb+VO"的形式；如果是一个单方行为，我们一般用"V+sb 的 +O"形式。如：

(1) 我要和他吵架。　*我要吵他的架。（双方行为）

(2) *我要和他帮忙。 我要帮他的忙。（单方行为）

4. 离合词的重叠形式（reduplicated form）是VVO，如：见见面、帮帮忙。

5. 数量词语要放在VO中间，如：见了两次面、帮了一个小时忙。

6. 常见离合词有以下一些：

和+sb+VO：见面　结婚　离婚　握手　聊天　吵架　打架　干杯
V+sb的+O：见面　帮忙　请客　听话　上当　吃亏　生气　当面
　　　　　伤心　沾光　告状　丢人　接班　劳驾
向+sb+VO：道歉　鞠躬　问好　敬礼　发脾气
给+sb+VO：理发　洗澡　化妆　打针　挂号　做主　请假　照相
　　　　　做饭
为+sb+VO：操心　争气　鼓掌

毕业（从大学毕业）
发脾气（对sb发脾气）

失业　住院　留学　跳舞　唱歌　散步　睡觉　吃惊　吃苦
出名　叹气　下台　倒霉　插嘴　出神　泄气　狠心　留神
站岗　搞鬼　看病　发烧　放假　上课　下课　开课　下班　上班

> **判断正误并改错**
>
> 1. 你看，他不听我的话，结果上当骗子了。
> 2. 听说你已经结婚她了，祝贺你。
> 3. 这个月我请客了几次，花了不少钱。
> 4. 他握手朋友。
> 5. 考试完了，大家应该跳舞跳舞，放松一下。
> 6. 小时候，他的妈妈常常生气他。

7. 我要离婚你，你太糟糕了。

8. 我妈妈在院子里种了很多花，她喜欢照花儿的相。

二、介词

介词除了可以帮助离合词引进宾语以外，还有很多用途。如：

引出时间、处所、方向：从　自从　打　由　往　向　朝　顺着
　　　　　　　　　　　沿着　到　离

引出方式、方法、工具：按照　根据　用　拿

引出比较对象：比

引出原因、目的：因为　由于　为了

引出关涉对象：关于　对于　给　替　为

引出施事（actor, agent）、受事（patient）：被　由　给　让　把

介词总是跟名词一起使用，形成介词词组（prepositional phrase，简称 PP）。PP 的用法比较简单，主要有两种：

1. 放在动词或句子前面，做状语。如：

(1) 一直往前走。

(2) 从北京到南京，买的没有卖的精。

2. 放在名词前面，做定语。如：

(1) 他知道很多关于西湖的传说。

(2) 对于这个问题的调查，已经进行了很长时间。

有一些介词，它们的意义和用法差不多，有时候可以互相替换，有时候却不能，如"朝、向、往""为、给、替"等。它们在用法上

的区别往往都比较复杂。我们在学习的时候，最好把它们和动词一起来记，一个一个地记住它们与动词的搭配是最好的办法。

总的来说，相似介词的不同用法，大概和它们后面的动词的小类有关系。比如说"朝、向、往"的区别：

	指明方向				指明对象			既指明方向又指明对象
	用于动词前			动词后	身体动作动词	其他动词	介词+着	
	动作动词	状态动词	介词+着					
朝	+	+	+		+		+	+
向	+	+	+	+（有限制）	+	+		+
往	+			+（有限制）				

说明：

1. "朝、向、往"都可以用来指明方向，如：朝（向/往）东走。但是，"往"不能用在表示状态的动词"躺、站、坐、伸、停"等前。如：

面朝东躺着
面向东坐着
*往东躺着

注意：

在"你往东站！""你往里坐！"中，"站"和"坐"不是状态动词。

2. "朝、向"还可以用来指明对象。如果后面是身体动作动词，如"点头、摆手、使眼色"等，"朝、向"都可以。但是，如果是其他动词，就只能用"向"，如"道歉、负责、借、打听"等。

3. "向"可以用在动词的后面，但是，动词只限于很少的几个单音节动词，如"转、冲、走、奔、指、射、飞、通"等。

4."往"也可以用在动词的后面，动词也只限于很少的几个单音节动词，如"开、送、寄、派、运、飞、通"等。

如果想比较系统地学习相似介词的不同用法，可以看《现代汉语虚词讲义》*这本书。关于"朝、向、往"的用法和下面的练习，都选自这本书。

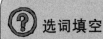 选词填空

朝　　向　　往

1. 一下课，孩子们就（　　）操场跑去。
2. 去邮局是（　　）右拐，不是（　　）左拐。
3. 我房间的窗户（　　）南开。
4. 他的腿（　　）外伸着。
5. 妈妈（　　）弟弟摆摆手，让他别说话。
6. 老板（　　）我瞪了一眼，让我不要说话。
7. 你们需要什么东西可以（　　）服务员要。
8. 你不要老（　　）我发脾气。
9. 很多人（　　）我打听他的消息。
10. 小孩子不要骗人，要（　　）父母讲实话。
11. 他把头转（　　）了我。
12. 这条路通（　　）海边。
13. 寄（　　）国外的信不能用这种信封。

* 《现代汉语虚词讲义》，李晓琪著，北京大学出版社 2005 年出版。

14. 他被派（　　）一所农村的医院工作。
15. 飞机（　　）着上海方向飞去。

阅读短文，注意离合词和介词的用法：

见　面

　　从高中毕业的时候起，他跟女性的关系就总是一个发展模式：第一、他们是朋友；第二、他们是非常好的朋友；第三、他们是情人；第四，他们又成了好朋友。可是，最近几年，他对这种模式越来越不满意，他交过很多女朋友，可是，每一个都达不到爱人的高度，不是没有爱，就是爱得不够。

　　那年他28岁，还没有未婚妻，更不用说妻子了。他本来有一个已经有11年友谊的好朋友，有时候好像他们真的就要爬到第三层——成为情人了。可是，她说爬到第三层太危险了，可能失掉他们已经建立起来的友谊。

　　那是他硕士研究生的最后一年，第二年他就要到中国去留学了，所以，那年开始的时候，他认为最好不要跟姑娘谈恋爱，他需要很多时间准备考试，而且他已经有几个好朋友了，何必非找一个爱人不可呢？

　　可是，在10月15号，他在信箱里发现了一张纸条，打开一看，上面写着：

你好：

　　我姓范，叫丽丽，跟你一个系的，一年级研究生。根据汪老师的建议，我想跟你交个朋友。你看我们可不可以见个面？
……

　　纸条上还写着她的地址和电话号码。信写得很客气，也很自然。他想，这种交朋友的方式真是太奇特了。他以前认识朋友，不是在教室里，就是在酒吧里，或者是在舞会上。从来没有这样与一个姑娘相识过，而且是姑娘主动写信给他的。他又激动又不安，到处打听，这个姑娘是个什么样的人。大家都告诉他，范丽丽又漂亮又温柔。可是她为什么选择了他呢？

　　无论怎么样，他一定要见她一面。第二天下午，他给她打了一个电话。

　　"喂，你是丽丽吗？"
　　"是的。哪位？"
　　"我是——，我收到了你的条子，谢谢你。"
　　"不客气。"
　　"那么……，所以……"
　　"啊，不浪费你的时间吧？"
……

　　对着话筒他不知道说什么好了。可是，她很热情，跟他约好了见面的时间和地点。只从这一次电话接触，他就觉得她很亲切，很可爱。

　　见面后四个小时的谈话，他们上到了第一层，成为朋友。这一年的12月，他们上到了第二层，成了好朋友；第二年1月他们上到了第三层，成为恋人。4月，他们订婚了。

　　（选自吕文珍主编《五彩的世界》，作者：〔美〕马思凯，北京大学出版社1991年，有改动）

第五讲

在、正、着、呢

> 从这一讲到第八讲,我们继续学习与动词有关的一些语法,即汉语里的"时体(tense & aspect)"表达。

"今天、明天、昨天、结婚以后、两天后、第二天"等等词语,它们表达的是一个时间轴(time axis)上的时间点。在每个时间点上,都可能发生一些动作或者事件(event)。这些动作或者事件之间有一些时间上的关系,比如说 a 事件和 b 事件是同时发生的,或者 a 事件比 b 事件先发生等等。同时,事件和说话时间(speech time)之间也有不同的时间关系。不同的语言,对这些时间关系的看法是不同的。比如说,在英语、日语等很多语言中,如果事件是说话以前发生的,动词一般要使用过去时(past tense);如果是说话时发生的,就要使用现在时(present tense);如果是说话以后、将来发生的,就要使用将来时(future tense)。如:

(1) I studied Chinese grammar yesterday.(我昨天学习了汉语语法。)

(2) I study Chinese grammar, he studies English grammmar.(我学

习汉语语法,他学习英语语法。)

(3) I'll study Chinese grammar tomorrow.（我明天学习汉语语法。)

"studied、study、will study"这些动词形态可以表示出"学习"这个动作发生的时间在说话前,还是说话时,还是说话后。它们在语法上称作"时"。但是,在汉语里,我们没有一套可以表示"过去、现在、将来"等区别的语法范畴（grammatical category),这些概念往往通过"今天、明天、昨天、结婚以后、两天后、第二天"等时间词语表示。

另外,在每一个事件过程中,还有一个事件的内部时间结构（internal time structure)。也就是说,在某个时间点上,事件是刚刚开始,还是正在进行,还是已经完成,还是要继续进行下去,等等。这些概念,在语法上也要有所表示。如：

(1) I have studied Chinese grammar.（我学了汉语语法。)
(2) I'm studying Chinese grammar.（我在学汉语语法。)

以上这些内容,在语法上就称作"体"。在汉语里,"时体"意义主要是由下面这些词语和结构表达的：

动作开始：V 起来

动作进行/持续：在　正　着　呢

动作完成：了

动作延续：下去

动作短时持续：动词重叠

动作曾经发生：过

"时体"带有很强的主观性（subjectivity),不同的语言对时间的看法是不同的,所以,它们是外语学习中的难点。我们在学习汉语的时体表达时,一定要了解汉语对时体的概念化（conceptualization）方式,千万不要简单地把汉语里的语法和自己母语里的某个语法等同起来。

一、在 V、正 V、正在 V

在：表示动作在某个时间内或某一段时间里进行。如：

(1) 你怎么<u>又</u>在看电视，作业做完了吗？
(2) <u>我去的时候</u>，他们在学习汉语语法。
(3) <u>十几年来</u>，我<u>一直</u>都在研究汉语语法。
(4) 每次去他家，他<u>总</u>在看电视。

正：强调 a 动作发生或进行的时候，b 动作不早不晚，恰好也在同一个时间发生或进行。如：

(1) 我去他房间的时候，他正做作业。
(2) 外面正下雨，别走了。
(3) *他一直正做作业。

正在：恰好＋进行。如：

A：王大夫呢？
B：正在给病人看病。

说明：

1. "在"前边可以加"又、一直、总、十几年来"等词语，"正"不可以。

2. "正"后不能加单个动词。如：

　*我去的时候，他正吃。

3. "正"后还可以加"要"。如：

　我正要给你打电话，没想到你打来了。

4. 如果句子中还有动作进行的地点，只用一个"在"。如：

他（正）在房间里看电视。

> **选词填空**
>
> 正　在
>
> 1. 回头一看，他（　　）要起身离开。
> 2. 我（　　）要去找你，你就来了。
> 3. 我去的时候，他（　　）在看电视。
> 4. （　　）说着，忽然听到外面有人敲门。
> 5. 这几天我一直（　　）想这个问题。
> 6. 四年前他就开始写论文了，现在还（　　）写，还没写完。
> 7. A：你（　　）干什么？
>   B：我（　　）给朋友写信。

二、V 着

"在 V"和"V 着"分别表示动作进行和状态持续，大致相当于英语的"be+verb+ing"形式。它们的主要区别是："在"表示的是动作的进行，是动态（dynamic）的；而"着"表示某种动作或状态的持续，是静态（stative）的。如：

(1) 她在穿一条红裙子。（She is putting on a red dress.）
(2) 她穿着一条红裙子。（She is wearing a red dress.）

再如：

(1) 他静静地坐着，一声不响。

(2) 她的眼里含着泪花。

(3) 门太矮了，我们弯着腰才能进去。

(4) 我们坐在山上愉快地唱着歌。

要注意的是，"着"的使用不是很自由的，往往有很多限制条件。我们现在主要学习它最常用的几种句型。

1. V1 着 (O) V2 (O)：V1 是动作者在进行 V2 时的状态或方式。如：

(1) 孩子哭着找妈妈。

(2) 他背着书包去了图书馆。

(3) 他扶着老人过马路。

(4) 他闹着让我给他买玩具。

(5) "你找死啊！"他说着，就打了我一拳。

注意：

(1) 有两个特别的句式：

我急着赶火车，不能和你多说了。
他忙着准备考试，没有时间陪我玩儿。

(2) 如果动作进行的地点和方式都要表示，有两种方法：

他在沙发上坐着看电视。
他坐在沙发上看电视。

2. V 着：要求保持或进入某种状态。如：

(1) 你拿着，别掉了。

(2) 你等着，我马上回来。
(3) 你看着，我做给你看。

3. V1 着 V1 着 V2：V1 动作进行的过程中 V2 动作发生了。如：

(1) 这孩子先是害怕地哆嗦，随后想到再也见不到妈妈，他呜呜地哭了。……哭着哭着他睡着了。
(2) 他拿起一本书打发时间，读着读着，他觉得非常有意思，于是开始动手把它翻译成英文。
(3) 我跟我妈妈包饺子，包着包着，就走神了。
(4) 就这样，走着走着，前面出现了一块水塘。水塘上空，数以万计的凤蝶在飞舞。正在这时，有一群蛱蝶出现了。……

注意：
V1 所表达的信息一定在上文有所交代，V2 则一定表达一种新情况、新状态的出现，而且这种新情况或新状态往往是出乎意料的。因此，V2 前常常可以加上"突然、忽然、竟然、不知不觉、不由得、忍不住、不由自主"等词语。

4. ［处所］+V 着 O：动作后某物处于某种状态。如：

(1) 墙上贴着一张画。
(2) 桌子上写着一些字。
(3) 脸上带着愉快的微笑。
(4) 他穿着一件红色的上衣。

注意：
(1) 以下动词一般不与"在、着"连用。
A. 属性或关系动词（恒定属性，缺乏可变性特征）：
　　是　姓　属于　等于　好像　适合　值得　作为　当作

B. 心理或生理状态动词（本身就是状态）：
　　知道　懂　明白　害怕　主张　尊敬　失望　嫌弃　认为

C. 位移动词（缺乏可供把握的具体特征，与"状态"冲突）：
　　来　去　到达　离开　前往　过去　上来　下去　出发

D. 包含结果或内含结果义动词：
　　瞬间动词：死　塌　垮　断　折（shé）　熄　倒　胜利
　　　　　　　失败　停止
　　结果动词：认识　发现　丢失　想起　记得　忘记　看见
　　　　　　　听见　碰见　遇到　毕业
　　黏合式述补结构：打破　推翻　学会　烧焦　砸烂　切碎
　　　　　　　　　　写错　磨好

(2) "着"主要用于描写，因此，在对话中询问别人做什么，不能用"着"。如：

　　A：小王在干什么？
　　B：他在打篮球。
　　　　（他正在打篮球。）
　　　　（*他打着篮球。）

(3) "正、在、着"后面都不能加"一下"和时量词语。如：

　　*他正看我一下（/一分钟）。
　　*他在看我一下（/一分钟）。
　　*他看着我一下（/一分钟）。

三、呢

1. 在口语对话里，也可以在句子末尾用语气词"呢"来表示进行的意思。如：

A：你看什么呢？
B：我看书呢。

"呢"也可以和"在、正、正在"一起用。如：

(1) 他在看书呢。
(2) 他正看书呢。
(3) 他正在看书呢。

注意：
用"呢"时，句子带有明确提醒听话人注意某个事实的言外之义。以下例子中，如果后面的部分不说，句子仍然隐含着这些意思。如：

(1) 他（正／在／正在）看书呢，（你别打扰他）。
(2) 妈妈，我在做作业呢，（不能帮你做饭）。

2. "着"也可以和"呢"一起用。如：

(1) 外面下着雨呢。
(2) 快走吧，老师等着我们呢。
(3) 这些规定都在票后面印着呢，你应该知道。
(4) 东西在我手里握着呢——让他们来吧！

3. "Adj.+着呢"，表示程度高，带有夸张的意味。如：

(1) 烦着呢，烦着呢，别理我。
(2) 人家心里难受着呢，你还说笑话，你应该安慰我。
(3) 我睁开眼："困着呢。"

(4)"我当然是",他白我一眼,"我兴趣广着呢!"

(5)我不像他们,没架子,爱教着呢。

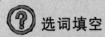 选词填空

| 正 | 在 | 着 |

1. 我激动得不知道说什么好,只是呆呆地看（　　）他。
2. 我去的时候,他（　　）睡懒觉呢。
3. 在火车上,我们一边唱（　　）歌,一边看（　　）外面的风景。
4. 一班的学生（　　）唱歌,二班的学生（　　）跳舞。
5. 我喜欢躺（　　）看书,所以,我的视力很不好。
6. 已经半夜了,他还（　　）看书,真用功。
7. 她戴（　　）一顶白色的帽子,很漂亮。
8. 我们（　　）担心你找不到这里,你就来了。

一、选词填空

| 正　在　正在　着 |

我认识王眉的时候,她十三岁,我二十岁。那时,我（　　）海

军服役,她来姥姥家过暑假。那年夏天,我们载( )海军指挥学校的学员进行了一次远航。到达北方的一个港口,我用望远镜看岸边那些愉快的男男女女。一个穿( )红色裙子的女孩出现在我的视野。她笑( )跳( )叫( )向我们招手。这个女孩子给我留下的印象非常深刻。第二天她出现在码头,我一眼就认出了她。我当时( )背( )枪站岗。她一边沿( )码头走来,一边看飞翔的海鸥,然后,她看见了我。

"叔叔,昨天我看见过这条军舰。"女孩歪( )头骄傲地说。

"我知道。"我笑( )看( )她。

那个夏天真是非常美好。女孩天天来码头上玩儿。

一天傍晚,女孩在我们舰吃过饭,回家经过堤上的公路,忽然刮起了大风,海水漫上了公路。女孩被吓坏了,不敢走了。我们在船上远远看到她,舰长对我说:"你去帮帮她。"我跑到堤上,一边冲进水里,一边大声喊:"跟紧我!"我们在公路上兴高采烈地跑( )。当踏上干燥的路面时,女孩崇拜地看( )我。我那时的确很帅:戴( )蓝白色的披肩,海鸥围绕( )我上下飞旋……

后来,暑假结束了,女孩哭( )回了南方。不久,她寄来了信。我给她回了信,鼓励她好好学习。我们的通信曾经给了她很大的快乐。她告诉我,因为有个水兵叔叔给她写信,她在班级里还很受羡慕呢。

二、改写句子

1. 我们一边喝咖啡,一边聊天。(V1 着 (O) V2 (O))
2. 你知道吗?我现在非常开心。(Adj. 着呢)
3. 外面下雪,你别走了。(着 + 呢)
4. 他现在在睡觉,别打扰他。(呢)
5. 墙上有一张画儿。([处所] +V 着 O)
6. 他看电视的时候哭了。(V1 着 V1 着 V2)

三、判断正误并改错

1. 沿着窗户对面的墙还放在一张床。
2. 我爬着爬着很长时间，才到山顶的时候，我高兴极了。
3. 我喜欢坐着一条清澈的小溪的边看着一本书。
4. 一天，我在一家饭馆坐看外面的风景。
5. 椅子也一起放在。
6. 房间地上铺一个地毯，窗户关着。
7. 两个女孩儿在秋千坐聊着天儿。
8. 花坛上种几种花。
9. 小孩子们在操场上在踢足球。
10. 有的人在坐着沙发上聊天。
11. 你正在说得太快了，我听不懂。
12. 我一直在房间等着等着朋友来接我。

四、作文

描写一个场景（比如操场、饭店）。

要求：用上"在、着"。

[范文]

Zuich 咖啡馆

对大部分巴塞罗那人来说，Zuich 不是一家咖啡馆，而是一家剧院。

它的咖啡不是特别好喝，可是它的位置比其他咖啡馆好多了，它在城市中心。在那儿你能看到各种各样的人，各种各样的场面。

它的周围种着香蕉树和海枣树。一些女孩子在晒太阳，不少人则一边听着音乐一边看着报纸。一对夫妻在不引人注目地亲吻。一些男孩子在弹吉他。有的小孩子在笑着跳舞。一群游人正在把那个场面拍摄下来。在他们的旁边，一个小偷<u>在</u>偷偷地看他们……

"范娜莎！"

"谁叫我？"我<u>正要</u>回家的时候，我的一个朋友来了。

"快看看我！我刚买了这件毛衣！20欧元！便宜<u>着</u>呢！"

"你很漂亮。"

"我请你喝一杯咖啡吧。"

我们<u>谈着谈着</u>不知不觉又喝了两杯咖啡。

（〔西班牙〕范娜莎）

第六讲

"了、过、(是)……的、来着","不"和"没"

> 本讲的这些时体词主要用于已然事件的表达。

一、了

"了"和英语中的过去时（past tense）是不同的，因为"了"可以表示过去发生的事情，也可以表示现在或将来发生的事情。如：

(1) 我吃了饭就去图书馆了。（过去）
(2) 你先走吧，我吃了饭再去。（将来）
(3) 他常常吃了饭去散步。（平常）

所以，大家一定要注意：过去发生的事情不是一定要用"了"的。在汉语里，"了"的意思是表示动作实现或完成。

"了"的用法比较复杂，我们现在只学习"了"在单个句子里的用法。"了"有两个位置：一是用在动词的后边，一是用在句子的末尾。如：

(1) 我也看见了你，在望远镜里。
(2) 我们去看电影了。

我们分别把这两个不同位置的"了"叫做"了1""了2"。下面，我们先看一看"了2"的用法。

（一）了2

放在句子的末尾，主要表示一种变化，或出现新情况。

下面是"了2"主要出现的句型：

表示"变化"	Adj.＋了	花红了,草绿了,春天来了。
	不＋V＋(O)＋了	我不去了。/我不再抽烟了。/我再也不去了。
	V＋可能补语＋了	我去不了了。
	别＋V＋了	你身体不好,别去了。
用在固定格式(pattern)中	Adj.极了/X比Y Adj.多了/Adj.透了/Adj.死了/太Adj.了/可Adj.了	漂亮极了/你比他好多了/坏透了/饿死了/太好了/可漂亮了
	真是Adj.得不能再Adj.了	真是傻得不能再傻了
	要是……就好了	要是他来就好了
	要/该＋V(O)＋了	我要结婚了。我该回去了。
表示"当前相关"(currently relevant)	V＋(O)＋了	小李不在,他去图书馆了。别着急,他一会儿就来了。

说明：

"V+（O）+了"表示过去发生的事情时，常常在下面几种语境中使用。

1. 状态变化（change of state）。如：

(1) 他知道那个消息了。（以前不知道，现在知道）

(2) 我不去了。（以前要去，现在不去）

2. 纠正预设(correcting a wrong assumption)。如：

A：你怎么又去看电影？
B：我一个月没看电影了。（A 预设 B 最近看过电影，B 做出纠正）

3. 报告目前的进程（progress so far）。如：

(1) 我今天早上吃鸡蛋了。
(2) 他们已经来了。

4. 决定将发生什么（what happens next）。如：

(1) 我喝了三杯了。（不再继续喝）
(2) 我洗好了衣服了。（现在可以出去玩儿，或者做别的事情）

注意：
"了2"一般用于当时当地（here & now）的交际语境中，有比较强的口语性，在新闻报道、政府工作报告、科技论文等语体中，很少使用"了2"。

（二）了1

用在动词后边、宾语或趋向补语（directional complement）前边，表示动作完成或实现。

已经完成：他只吃了两个包子。
预计完成：你先吃吧，我做完了作业再吃。
假设完成：如果做完了，你就先吃吧。

在下面几种情况下，一般要使用"了1"：

意 义	句 型	例 句
a 动作完成后,b 动作发生	V+了(O)+V(O)	吃了早饭就走了。 等到了山顶我们再休息。
用于祈使	V+了+O 别 V+了+O	拆了那座房子! 别打了杯子!
过去+完成	V+了+数量(名)	昨天我买了一本书。
	V[瞬间]+了+(O)	他终于到了山顶。 他丢了钱包。
	V+结果补语+了+O	学校上个月盖好了新教学楼。
	V+了+趋向补语	我们正说着话,他走了进来。
	V+了+有定名词	刚才我批评了他。 他们昨天看了精彩的演出。

说明:

1.在连动句和兼语句中,一般不强调两个事件发生的时间先后,所以,第一个动词后一般不用"了"。如果加,要放在第二个动词后。如:

(1) 昨天晚上,我去图书馆看了两个小时书。("去图书馆"的目的是"看书")

(2) 那天他用筷子吃饭。("用筷子"是"吃饭"的方式)

(3) 我给旅馆打电话订了一个房间。(连动句)

(4) 我让他去美国了。(兼语句)

2. "说、喊、回答、问、讲"等动词,如果后面是直接引语 (direct quotation),它们不能加"了"。如:

(1) 他说:"不行。"

(2) 小王问:"你去哪儿?"

但是,可以说:

他说了一句:"不行"。

3. 如果句子表达的是过去经常发生的、或者是规律性的事件，一般也不用"了"。如：

(1) 那时候每个星期，我都看一本小说。
(2) 我上大学的时候，常常去爬山。

4. 如果句子中的宾语是 VP，或者是一个小句，谓语动词一般也不用"了"，但是，句子末尾可以加"了"。如：

(1) 我决定去上海 (了)。
(2) 从昨天起，我开始学习日语 (了)。
(3) 他会说汉语 (了)。
(4) 一会儿，他们看见一条狗跑进来 (了)。

这类句子中的谓语动词主要是：

决定　喜欢　同意　发现　感到　答应　以为　希望
要　可以　能　愿意　会　想

5. "了"不能和"在"一起用。如：

(1) *我们一直在学习了汉语。
(2) *他在听了一个小时音乐。

6. "V 了 O"的否定式是"没 VO"。后边不加"了"。如：

(1) 他刚才喝了酒。→他刚才没喝酒。
(2) 我习惯了北京的天气。→我还没习惯北京的天气。

注意：

"了"在语篇（text）里的用法比较复杂。总的来说，"了1"一般用在叙述性情状的前景部分。看一组例子：

(1) 今天早上，我8点起床，然后洗脸、刷牙、吃饭，然后去学校，一切都和往常一样。[描写性情状（descriptive situation）]

(2) 系里开了会，表彰了今年的模范，给大家发了奖，我得了一个奖杯。[叙述性情状（narrative situation）]

(3) 系里开会，表彰今年的模范，给大家发奖，我得了一个奖杯。
　　[背景（background）]　　　　　　　　　　[前景（foreground）]

(4) 我昨天批评他，　　　　　他哭了好一阵子。
　　[背景（background）]　　[前景（foreground）]

在语篇中，对于过去发生的事情，只有说话人觉得有必要强调动作已经完成了，他才会使用"了"。如，下面这一段话虽然叙述的是过去发生的事情，但是，只用了两个"了"：

回到北京家里，脱下军装，换上老百姓的衣服，我几乎手足无措了。……我很彷徨，很茫然，没人可以商量。父母很关心我，我却不能像小时候那样向他们倾诉，靠他们撑腰。他们没变，是我不愿意。我虽然外貌没大变，可八年的风吹浪打，已经使我有了一副男子汉的硬心肠，得做个自己照顾自己的男子汉。

在新闻报道中，如果只是为了介绍情况，动词后一般也不用"了1"。如：

(1) 昨天，一班去长城，二班去香山，三班去颐和园，大家玩得都很开心。

(2) 昨天下午在俄文楼举行会议，李教授主持，吴校长做主题发言。

> ❓ 下面句子中,哪些地方可以加"了"?
>
> 　　我决定（　　）坐（　　）阿眉服务的航班回（　　）北京。我在广播登机之前进（　　）客舱。阿眉给我看（　　）她们的厨房设备（　　）。我喜欢那些东西,可不喜欢阿眉对我说话的口气。
>
> 　　"别这样对我说话。"我说（　　）。
>
> 　　"才没有呢。"阿眉有点委屈,"过会儿我还要亲手端茶给你（　　）。"
>
> 　　我笑（　　）："那好,现在领我去我的座位。"
>
> 　　"请坐,先生。提包我来帮您放上面。"
>
> 　　我坐下,感到很舒服（　　）。阿眉又对我说（　　）："你还没说那个字呢。"
>
> 　　我糊涂（　　）,猜不出。上（　　）客人（　　）,很多人走进（　　）客舱,阿眉只得走去迎接他人。我突然想（　　）起来,可那个字不能在客舱里喊呀。

二、过

　　用在动词后,宾语前,表示过去的经历。

　　否定式是:没 V 过 O / 不曾 V 过 O。如:

(1) 我去过长城。
(2) 我去过一次长城。
(3) 我曾经去过长城。
(4) 我们不曾见过面。
(5) 我学过日语,没学过韩国语。

注意：

如果句子中有两个动词，"过"一般放在第二个动词后边。如：

(1) 我坐船去过日本。
(2) 你用筷子吃过西餐吗？

三、(是)……的

如果在语篇中需要特别强调过去动作发生的时间、地点、方式、目的等，则要使用"是……的"格式。"是"可以省略。如：

(1) A：你是什么时候学的汉语？
    B：我（是）两年前学的汉语。（时间）

(2) A：你的汉语真好。你是在哪儿学的汉语？
    B：我（是）在北京大学学的汉语。（地点）

(3) A：你是怎么学的汉语？（/你是和谁一起学的汉语？）
    B：我（是）和他一起学的汉语。（方式）

(4) A：你是为什么来北大的？
    B：我（是）来北大学汉语的。（目的）

否定式是：不是……的。如：

(1) 我不是1996年来的北京。
(2) 我不是在中国学的汉语。
(3) 我不是坐飞机来的，我是坐船来的。

注意：

在"是……的"句子中，不用"了"。如：

(1) ＊我是1993年来北京了。

(2) ＊他是来北京看了朋友。

> **用"是……的"改写句子**
>
> 1. 他<u>今天早上</u>到了北京。
> 2. 他<u>坐火车</u>去了新疆。
> 3. 他<u>在旅行社</u>订了两张机票。
> 4. 他<u>去北京参加会议</u>了。
> 5. 他<u>给朋友</u>带了一些礼物。
> 6. 他<u>和家人一起</u>去旅行了。
>
> **用"是……的"完成对话**
>
> A：喂，你好。啊，小王，是你啊。你是什么时候到的？
> B：＿＿＿＿＿＿＿＿＿＿＿＿＿＿＿＿。
> A：是吗？路上顺利吧？
> B：还行。挺顺利的。
> A：你怎么来的？<u>坐飞机还是坐火车</u>？
> B：＿＿＿＿＿＿＿＿＿＿＿＿＿＿＿＿。
> A：挺累的吧？一个人来的吗？
> B：不是，＿＿＿＿＿＿＿＿＿＿＿＿＿＿。她不是怕坐飞机嘛！
> A：对对对，我知道，我知道。她从来不坐飞机。

四、来着

用在句末，表示不久前发生的事情，并提醒听话人注意。如：

(1) 我刚才打电话来着，没听见你敲门。

(2) 昨天我去他家找他来着，可是他不在。

"来着"常常用在疑问句中，询问曾经知道，但是现在想不起来的事情。如：

(1) 你刚才说什么来着？

(2) 你的生日是什么时候来着？

(3) 昨天谁找我来着？

(4) 他住哪儿来着？

❓ 选词填空

> 过　着　的　来着

A：我去（　　）一次新疆，是坐火车去（　　）。

B：你是什么时候去（　　）？

A：1994年，那时候我还是学生。背（　　）一个旅行包就去了。

B：是啊。我第一次去新疆也是上学的时候。

A：你去（　　）几次新疆（　　）？

B：八次。

五、"不"和"没"

1. "不"侧重于否定意愿，而"没"侧重于否定客观叙述。如：

(1) 他不太喜欢足球，昨天那么精彩的比赛他都不看。（意愿）

他太忙了，昨天的世界杯都没看。（客述叙述）
(2) 那个时候，我每天都不去上学。（意愿）
　　那个时候，我没上学。（客述叙述）

2. "不"主要用于非过去事件，"没"用于过去事件。如：

(1) 明天我不去。
(2) 昨天我没去。

3. "不"可用于否定经常性或习惯性的动作或状态，"没"用于否定过去某一行为动作的发生。如：

(1) 他从来不喝酒，不抽烟，没有不良习惯。
(2) 奇怪，他最近几天没喝酒。

4. "不"可以否定情态助动词、认知动词，而"没"一般不可以。如：

(1) 我不能去。
(2) 我不知道。
(3) 我不认识他。

5. "不"否定形容词时否定的是性质，而"没"否定的是变化。如：

(1) 这个苹果不红，不好吃，你吃那个吧。
(2) 苹果还没红，不能摘。

选词填空

不 没

1. 你是怎么了？澡也（　　）洗，饭也（　　）吃，打算干什么呢？
2. 我们都忘了他的生日，谁都（　　）送他礼物。
3. 我做梦也（　　）想到他竟然来了。
4. 他从（　　）说谎，我们都相信他，你也相信他好了。
5. 我是故意（　　）告诉他的。
6. 书还（　　）看完，还要借一个月。
7. 这几天心情（　　）太好，我学（　　）下去。
8. 谁也（　　）知道他去了哪里。

综 合 练 习

一、判断正误并改错

1. 上个星期天在希尔顿饭店，我们留学生参加一场毕业晚会。
2. 我们在我弟弟的家休息三天了。
3. 到了东京以后，我们去很多地方。
4. 回家的时候，我去了商店买几斤苹果。
5. 今天我去了看一个公寓。
6. 我昨天早上十点起床，然后看半个小时电视了。
7. 上海给了我留下很深刻的印象。

8. 今天早上我的朋友给了我打电话。

9. 她让了我知道北京大学的学生真聪明。

10. 那个晚上我们四五个小时吃了晚饭。

11. 我每天跟中国人说了话。

12. 我从来没有吃了那么长时间的饭。

13. 突然一个朋友给他打了电话，问："你在哪里？"他回答了："我正在饭店里呢。"

14. 那时候他给我一束玫瑰花。"纪念今天的日子吧。"他说了。

15. 我弟弟问了我他为什么不能喝酒。

16. 我非常高兴，我决定了来中国。

17. 我高中毕业的时候打算了学习中文。

18. 我让弟弟离开，因为今天的生日晚会只请成人了。

19. 在四天内，我们没有空儿去游览，真遗憾了。

20. 我看到漂亮的花儿，非常感动了。

21. 我们走路时，下着细雨了。所以，我们撑开了伞。

22. 门口围着一群人了。当时门开着了。

23. 春天来了，校园里的花儿都开。

24. 我不经常喝啤酒，其实到今天为止我从来没喝了一瓶。

25. 父亲得在一个星期以内回韩国。我的妈妈、弟弟和我还去过别的东北的大城市。

26. 有的人去过美国留学。

27. 我曾经没看过北京的春天。

28. 我们是坐公共汽车去了人民大学。

二、用"了、过、着、在、正在、的、来着"填空

1. 我天天待在首都机场，只要是她们的飞机落地，我总要堵（　　）去就餐的乘务员问："阿眉来（　　）吗？"知道我们关系的

刘为为、张欣等十分感动。不知道的人回去就问："阿眉，你欠（　　）北京那个人多少钱？"如果运气好，碰上（　　）阿眉，我们就跑到三楼冷饮处，坐（　　）聊个够。阿眉心甘情愿和我一起吃七毛钱的盒饭。她还说这种肉丸子浇（　　）蕃茄汁的盒饭是她吃（　　）的最香的饭。这期间，有个和我同在海军干（　　）的朋友找我跟他一起去外轮干活。他说远洋货轮公司很需要我们这样的老水手。我真动心（　　），可我还是对他说："我年龄大（　　），让那些单身小伙子去吧。"

2. 我去疗养院找她。在路上碰见个卖冰淇淋的，买（　　）几只。她一见我，笑（　　）。

"给我找点热水喝。"我把剩下的两只冰淇淋递给她。

阿眉舔着（　　）融化的冰淇淋，拿起一只暖瓶摇（　　）摇："没水（　　），我给你打去。"她一阵风似地跑出去。

这时，她同房间的空中小姐进来，拿（　　）一本书。我没见（　　）这个人。我哈（　　）哈腰，以示尊敬，她却拿挺大的眼睛瞪（　　）我："你就是阿眉的男朋友？"

3. 我去看（　　）几个同学，他们有的（　　）念大学，有的已成为工作单位的领导。曾经和我好（　　）的一个女同学已成（　　）别人的妻子。换句话说，他们都有自己正确的生活轨道，并都（　　）努力地向前。

4. "老关，我陷进去（　　）。"

"天哪！是什么犯罪组织？"

"换换脑子。是情网。"

"谁布（　　）？"他顿时兴致高起来。

"还记得那年到（　　）咱们舰的那个女孩吗？就是她。她长大（　　），我和她谈上（　　）。"

"是吗？她叫什么名字（　　）？"

三、讲故事

与你的同学一起谈谈你的一次旅行或者你的初恋。

要求：用上"了、着、过、是……的、没"。

四、趣味阅读

要求：注意"了、着、过"的用法。

吃饭的烦恼

来北京以前，朋友们异口同声地对我说："你去北京以后，天天能吃地道的中国菜，好羡慕你啊。"的确，刚来北京的时候，我几乎没有为吃饭发过愁。可是，随着中国朋友请我吃饭次数的增加，我却开始为吃饭发愁了。

中国菜世界闻名，中国人好客也是举世无双。到朋友家做客，先是一番应酬，然后就开始吃饭了。朋友虽然说："没什么好吃的，家常便饭，随便吃。"可是给我摆了满满一桌子，样样都是美味佳肴。朋友一边说"吃，吃，喝，喝"，一边给我夹菜、倒酒。我刚把自己碟子里的菜吃完，朋友的父母又给我夹满了。我一边说"谢谢"，一边不停地吃。过了一会儿就吃得饱饱的了。可是朋友一看我不吃了，就说："你吃得太少了，再吃点。"

刚来中国的时候，每次去朋友家做客，为了不让主人扫兴，我都拼命地吃，结果回家后就开始肚子疼，而且因为喝醉了酒，出过不少洋相。现在我已经想出了一些办法。

第一，我尽量放慢吃的速度，不把碟子里的菜都吃完，这样主人就不会不停地给我夹菜了。

第二，我主动和主人聊天，比如菜名、做菜的方法等。这样不但放慢了吃饭的速度和主人夹菜的速度，而且还了解了中国饮食文化方面的知识。

第三，我有时也给主人夹菜、倒酒。

有了这些办法后，我再也不用为吃饭发愁了。可以一边美美地吃着，一边跟朋友聊天了。

（选自杨庆华主编《留学岁月》，作者：〔日〕水谷文美，北京语言文化大学出版社，有改动）

第七讲

要、会、将，起来、下去

> 本讲中的时体词主要用于将然事件的表达。

一、要、会、将

在英语中，"意愿（volition）、预测（prediction）、将来（future）"都可以用 will 来表达。如：

(1) If you study hard, you'll get good grades.
   如果你努力学习，你<u>会</u>取得好成绩。（预测）
(2) If you'll study Chinese grammar, I'll study too.
   如果你（<u>要</u>）学习汉语语法，我也<u>要</u>学。（意愿，预测）
(3) I'll go to store tomorrow.
   我明天去商店。/ 我明天（<u>要</u>）去商店。（意愿，将来）
(4) It will rain tomorrow.
   明天下雨。/ 明天<u>会</u>下雨。（将来，预测）

在汉语里，上述这些不同的意义，要使用不同的词。再看一组例句：

(1) 他明天要去上海。（意愿）

(2) 他明天一定会去上海。（预测）

(3) 他明天将去上海。/ 他明天将要去上海。（绝对将来 definite future）

(4) 他（就）要去上海了。/ 他快要去上海了。/ 他快去上海了，你快跟他和好吧。（近将来 immedaite future）

(5) 他明天去上海，我想让他帮我买一件衣服。（将来）

在这一组例句中，"他去上海"都是将来事件，但是，句子的意思不完全一样："要"侧重表达的是一个意愿；"会"是对将来事件做出预测；"将/将要"表达的是一个计划安排好的、将来一定发生的事件；"(就/快)要……了"表达的是在很近的将来要发生的事件，且往往要求有上下文呼应。汉语中，也可以只用"明天"等指示将来的词语表达将来事件。

因此，学习汉语将来事件的表达时，我们一定要注意上面这些不同。下面，我们主要谈谈汉语中将来事件的表达方法。

（一）"要"和"(就/快)要……了"

1. 要1

表达主语的主观意愿，主语打算执行一个行为。如：

(1) 我负担重呀，要多挣点钱。
(2) 她小心翼翼地看看我："我以后要少进城，少来你家。"
(3) 你别这样难过好不好，明天你不是还要来吗？
(4) 正巧我要去看电影。问她，她自然也要去。
(5) 我正要继续说服他，看到石玉萍进来，便改了主意。
(6) 吃完饭要走时，靠门口窗边坐着的一个人招手叫米兰过去。

2. 要2

表达客观情况决定下的将来行为，可能并非主语自己的主观意愿。如：

(1) 她刚从广州来，又要去沈阳，然后再飞回去，不能来北京看我。
(2) 这期间飞机加班很多，她常常到夜里十二点才回宿舍，第二天一大早又要准备起飞。
(3) 她下个月就要去杭州疗养，所以近期排的班多一些，飞的多一些，比较累。

3. （就/快）要……了

表达即将发生的事件。如：

(1) 国庆节要到了，电台、电视台和报纸每天都有很多报道。
(2) 要开演了，演员们跑出来，小杨也赶快走了。
(3) 你别逗我了，我肚子都要笑疼了。
(4) 那我们可就要失业啦，谁还会这么费事？
(5) 那孩子确实让父母自豪，我快要嫉妒死了，"我本来应该比你先当爸爸，老关。"

（二）会

表达对事件的预测，具体用法可以细分为三种情况。

1. 对将来事件做出预测。如：

(1) 我们俩将来一定会幸福。
(2) 我可就说不准了，等你老了，十之八九他会去另找他人。

2. 对虚拟事件——即假设条件下可能发生的事件做出预测。如：

(1) 要是你这些优越条件都没了,他还会跟你好吗?

(2) 我要是真想骗您,就不会找这个借口了。

(3) 她明显对你有意了,否则不会请你去吃饭。

(4) 如果她知道了这件事,她一定会伤心死的。

3. 对某个规律性事件做出预测。如:

(1) 以前妻子接孩子去玩都会在晚饭后送他回来,或者让他自己回来。

(2) 我相信这是一种人性弱点,有钱了人就会变坏。

注意:

在对规律性事件做出预测时,很多情况下,"要"与"会"都可以使用。如:

(1) 每当看到这类少女,总要(/会)在他心里引起一种感动,好像听到一首熟悉的旧歌或者看到一张老朋友的旧照片。

(2) 开始我也没在意,这样的话随便一个老太太一天都要(/会)说上好几遍。

(3) 就是不相干的外国摔了一架飞机,我们也要(/会)难受好久。

(4) 阿眉和你关系好的时候,有时从你那儿回来,也要(/会)生生闷气。

(5) 所有工作人员都要(/会)从这个出口去三楼餐厅吃饭。

但是,需要特别强调意愿或预测意义的时候,它们不能互换。如:

(1) 无论是多么小的一块食物,比如半个苹果,他们也要你一口我一口像鸟一样地互相喂。

(2) 我这人轻易不说人好，往往大家说好，我还偏要挑挑毛病。

说明：

在这两个例子中，说话人强调动作发出者的主观意愿，所以，只能用"要"，不可以用"会"。

(三) 将

只用于书面语，具体用法可以细分为三种情况。

1. 表达近将来，也常说成"即将、行将"。如：

(1) 火车将停时，所有的旅客都涌向车门。
(2) 他本来想笑，但笑将出口便觉不妥，强忍着生把笑声变成了咳嗽。
(3) 人之将死，其言也善。
(4) 一个热闹的时代行将过去。
(5) 谢家荣即将出国开一个学术会议，而且希望留在国外读书。

2. 表达计划、日程等安排下的将来事件，多含有一定发生的意义。可与"将要"互换使用。如：

(1) 为了鼓励大家积极参加体育运动，下个月学校将举办春季"优胜杯"大学生篮球比赛，希望有兴趣的留学生朋友积极参加。
(2) 按照事先约定的时间，布尔达将在5月16日下午2:30接受美国《新闻周刊》编辑和国家安全新闻社记者的联合采访。
(3) 全球体育迷关心的2002年冬季奥运会将在美国犹他州的盐湖城举行。
(4) 我一直走到江边码头，登上一艘灯火通明的华丽客轮。这艘客轮夜里将开往东海里的一个小岛。

(5) 刘桂英知道，从这一刻起，她已成为一个姚家庄人，今后她将一直生活在这个山清水秀的小村庄了。

3. 一定会，表达说话人对将来事件高程度的预测，多用于预测性语境。可以与"将会"互换。如：

(1) 那将是天大的不幸，将是真正的悲剧，将会带来严重的后果。
(2) 这三个多月的生活，对她将会留下怎样的影响，她不知道。
(3) 如果把他放进这里来，将会更加危险，我们将更加被动。
(4) 这个美妙的年龄，将会给我们以后留下多少美好的回忆啊！
(5) 是啊，如果她没有这么聪明，将会发生什么啊！

二、V+起+（O）来

表示动作开始并且继续。如：

(1) 我们唱起来，跳起来吧！
(2) 我非常吃惊，忍不住叫了起来。
(3) 大家一见面，就互相开起玩笑来。

注意：

"开始+V"也可以表示动作的起始，但是，常常用于原来已经安排好的事情，而且只强调动作的起点。"V+起来"则还强调动作开始后的持续状态。如：

(1) 明天我要开始学习二胡。
(2) 汉语学起来虽然很难，可是说起来非常好听。

三、V+下去

表示同一个动作从现在继续到将来。如：

(1) 别停，说下去。
(2) 有时间的话，你最好研究下去。
(3) 有你的支持，我就能活下去。
(4) 我改主意了，住下去！

注意：

1. "继续+V"也可以表示动作的继续，但它还可以用来表达"中断后再继续"。如：

(1) 就这样儿吧，你回去想想办法。我们要继续排练。
(2) 我们正在考虑继续去找校长。
(3) 接完电话，他继续写信。
(4) 请继续说，我不是有意打断你的。

表达同一个动作继续时，"继续"可以和"V+下去"一起用。如：

(1) 你应该继续坚持下去，一定能成功的。
(2) 我们继续聊了下去。

2. 与"下去"一起用的动词应当是可持续的、可反复的动词。"毕业、回家、来、去、出生"等不可以和"下去"一起用。

选词填空

> 继续　下去

1. 听众朋友，这期节目播送完了，请您（　　）收听（　　）本台其他节目。
2. 恭喜你答对了，我们（　　）看（　　）下一题。
3. 看到这种情况，他实在不能（　　）忍（　　）了。
4. 照这样（　　）学（　　），四年之后你一定会成为一名出色的翻译。
5. 你儿子朝这个方向（　　）发展（　　），看你将来怎么办吧。
6. 我再也不能无动于衷地（　　）表演（　　）了。
7. 要是你认为确实能（　　）过（　　），那请吧，过一辈子吧。
8. 虽然困难很多，但也没有办法，还要（　　）学（　　）。

翻译

1. Please go on. —I'm all attention.

2. If you go on like this, you'll make big mistakes someday.

3. He went on talking as though nothing had happened.

4. We kept on till the work was finished.

5. Come on, keep at it. You've nearly finished.

6. The work went on day after day.

综合练习

一、用"起来""开始""下去""继续"填空

1. 我们下个星期（　　）学习（　　）形容词的用法。

2. 妈妈不给孩子买玩具，孩子（　　）哭（　　）了。

3. 春天来了，天气（　　）暖和（　　）了。

4. 那位小姐没再（　　）说（　　），气哼哼地走了。

5. 阿眉的身体越来越糟，再这么（　　）工作（　　），非出问题不可。

6. 你们别管我，（　　）干（　　）你们的。

二、选词填空

会　要　起来　下去

1. 现在觉得是天大的事，过个几十年回头看看，你就（　　）觉得无足轻重了。

2. 她好像（　　）立刻走过来，对我说一句很重要的话。

3. 你走吧。再呆（　　），也没意思了。

4. 她下个月就（　　）去杭州休养，所以最近我们见面的次数比

较多。

5. 他太伤心了，忍不住哭（　　）。
6. 偶尔他们对某个人某件事的看法也（　　）不同，但更多的是一个人听另一个人的。
7. 王师傅，你不能瞎练。你要照这样练习（　　），你可没法儿出去了。
8. 他脾气不好，你说话（　　）小心，弄不好（　　）吵（　　）的。

三、判断正误并改错

1. 要是我跟他一起去，我知道他让我喝酒。
2. 我要跟中国人合租房子，这样我要每天有机会说中文。
3. 因为现在我是一个大款，所以，我会买我最想要的帽子。
4. 如果你去一个公园的话，你就看见美丽的风景。
5. 我真的羡慕你，你一定越来越适应外国的生活。
6. 我要了解中国的情况，也要中国的文化。
7. 你怎么了？现在睡觉起来？
8. 时间还早，我们继续喝起来吧。
9. 马上要放假，我们都在准备行李。
10. 已经做成这样了，你也别放弃，做吧。

四、趣味阅读

要求：注意"会""要""起来"的用法。

学习用筷子

一般中国人都有个共同的特点：要面子。子女顺利升学，出国深造，有了理想的工作，都会使他们感到非常骄傲，非常自豪。在学业方面，我一直很努力，因此，父母感到很满意，但是有一件事却让妈妈感到丢脸。我们一家是华裔美国人，保留着许多传统的习惯，大多吃中餐，但是我一直不会用筷子。妈妈一看我不会用筷子就不高兴。从小到大，我一直努力想学会用筷子，但是一次又一次地失败了。我想，拿个博士学位都比用筷子容易多了。

  1983年，我第一次来中国，第一次见到了外公。他一看我就高兴得笑起来，鼓励我一定要努力完成博士学位。可是吃饭的时候，我却让他老人家失望了。他一直睁大眼睛看着我用筷子，反复地唠叨："你怎么不会用筷子？"我感到很不好意思。

  那时候我住在学校的专家楼里，每天在食堂吃饭。那里的大师傅对我非常和气，可他一见我吃饭就要嚷："中国人怎么不会用筷子？"说得我很不好意思，终于下定决心要跟他学习用筷子，一半是为了让外公和妈妈高兴，一半也是为了不要让人家总是批评我。

  师傅首先给了我一个圆圆的面团儿，让我拿着它，并把手攥成拳；然后又给了我一双筷子，让我用大拇指、食指和中指夹住。同时拿住这两样东西可真不容易，不是筷子掉了，就是面团儿掉了。过了一会儿，我的右手就麻了，失去了知觉。我觉得每一分钟都过得很慢，真是难受极了。但是，我不想放弃，坚持练习，连跟同学一起讨论旅行计划的时候，我也拿着面团和筷子，一边认真地讨论着，一边练习用筷子。突然，一个德国同学大笑着说："哎，大家快看，淑卿的手在动！"我吃了一惊，发现我右手的手指真的能自由动了！我激动得简直不能相信这个事实，我终于会用筷子了！

  那年我回国，一到家就兴奋地拿起筷子给妈妈和妹妹表演。他们都好奇地看着我，接着就笑了。妈妈再也不会感到丢脸了。

（选自吕文珍主编《五彩的世界》，作者：〔美〕许淑卿，北京大学出版社，1991，有改动）

五、作文

根据上面的短文写一段对话。假如你是淑卿的朋友，淑卿不想学习用筷子了，你劝她不要放弃，鼓励她继续学习。

要求：用上"了、着、过、（是）……的、会、要、起来、下去"。

第八讲

动词重叠

> 大部分动词可以重叠，表示动作持续的时间短暂。使用时要注意动词重叠的形式及使用的语境。

一、动词重叠的形式

在汉语里，有一部分动词可以重叠。重叠的形式有以下几种：

1. A→A（一/了）A。如：

   看→看（一）看、看了看
   听→听（一）听、听了听

2. AB→AB（了）AB。如：

   学习→学习学习、学习了学习
   思考→思考思考、思考了思考

3. AC→A（了）AC。如：

   帮忙→帮帮忙、帮了帮忙

聊天→聊聊天儿，聊了聊天儿

二、动词重叠的意义

1. 时量短＋持续（动作连续进行）。如：

(1) 今天给大家放一个假，让大家休息休息。
(2) 出去活动活动吧。
(3) 我只要听听音乐，就不着急了。

2. 动量小＋间断（动作一次或多次进行）。如：

(1) 你闻闻，有酒味没有？
(2) 你问问他，听听他怎么说。
(3) 他点点头，同意了。

三、动词重叠常常出现的语境

动词重叠形式的使用有比较严格的语境条件，有的动词在一般的事实陈述句中不可以重叠，但在非事实句中却可以。动词重叠常用于以下语境：

1. 祈使句。如：

(1) 这是没办法的事，可是你得哭一哭。
(2) 咱们一起坐坐，多聊聊天儿。
(3) 还是去散散步吧。
(4) 你应该让他知道知道你的厉害！
(5) 你帮我教育教育他！
(6) 我看看你的书，可以吗？

注意：

动词重叠不能用在否定祈使句中。如：

    (1) ＊不要哭哭！

    (2) ＊别聊聊！

2. 目的句。如：

    (1) 我给了他一盘 CD，想让他高兴高兴。

    (2) 你到这儿来住几天，散散心。

    (3) 你说个笑话，给我们解解闷。

3. VV+看/试试（尝试，假设）。如：

    (1) 你丢丢看！

    (2) 你也浪漫浪漫试试！

    (3) 你死死看。

4. 假设条件句。如：

    (1) 连散散步、开开心也不让，整天看着。

    (2) 打扮打扮多好看啊！

    (3) 你说说还可以原谅，他说就不行。

    (4) 对他这种人，不教训教训他不行。

5. 列举。如：

    (1) 洗洗衣服，看看电视，买买东西，周末就是这样。

    (2) 我每天早上都来这里跑跑步，做做操。

6. 将来发生。如：

(1) 他现在正希望有一个人来给他解决难题，帮助他思考思考。
(2) 这本书的内容还需要补充补充。
(3) 我没有拒绝他，答应考虑考虑再给他回答。

7. 已发生的动作（短时）。如：

(1) 他伸了伸舌头，不好意思地笑了。
(2) 他看了看我，又闭上了眼睛。

说明：

1. 动词后有补语时，不能重叠。如：

(1) *我看看明白了。
(2) *我看看了一个小时。

2. 动词重叠不能做定语和状语。如：

(1) *我看看的时候，他来了。
(2) *他笑笑地看我。

3. 同时进行或正在进行的动作，不能用重叠动词。如：

(1) *我一边看看书，一边听听音乐。
(2) *我在看看书。

4. 动词重叠不能和"着、过"一起用。如：

(1) *我看看着书。
(2) *我看看过书。

5. 动词重叠后不能受已然副词修饰，可以受未然副词修饰。如：

　　(1) *他<u>已经</u>看了看。　　我今天<u>就</u>去看看。
　　(2) *他<u>曾经</u>看了看。　　你<u>先</u>看看。
　　(3) *他<u>早就</u>看了看。　　我<u>马上</u>看看。/ 我<u>赶快</u>看看。

6. 以下动词具有可持续进行或反复进行的特征，可以无条件重叠：

　　看　想　洗　等　说　讲　问　谈　听　写　读　笑　敲　缝
　　数　跳
　　点头　摇头　摆手　研究　商量　打听　比赛　参观　联系
　　关心　收拾　打扫

7. 以下动词不能无条件重叠：

　　丢　断　得　撞　完　病　死　到　出生　出现　发现　拒绝
　　开始　赶走　打开
　　能　可　敢　应该
　　是　姓　像　叫　有
　　来　过　起来
　　爱　恨　怕　怪　同意　承认

注意：

这些动词一般只能在非事实句中重叠。如：

(1) 你说什么话啊？你也<u>死死</u>看啊。　　*他<u>死死</u>。
(2) 我们<u>去去</u>就来。　　　　　　　　　*他<u>去去</u>。
(3) 让他<u>丢丢</u>东西也好。　　　　　　　*他<u>丢丢</u>东西。
(4) <u>姓姓</u>毛也可以。　　　　　　　　　*他<u>姓姓</u>毛。

? 判断正误并改错

1. 你最好想想清楚了再回答。
2. 孩子一边哭哭，一边找妈妈。
3. 他看看了我，什么也没说就走了。
4. 大家正在商量商量这个问题。
5. 在北京大学的时候，我们一起学习学习过。
6. 这就是我要看看的书。
7. 我们在一起吃了吃饭，喝了喝酒，唱了唱歌，一直到很晚才回家。
8. 我们去散心散心吧。
9. 你这样说，真让我高兴高兴。
10. 每天晚上很多人在湖边散散步。
13. 你把那个球递递给我。

阅读下面的短文，找出动词重叠式，并领会其意义和用法

何：我叫何必，是《大众生活》编辑部的主任。
李：你好，你好。我叫李东宝。这是我的同事戈玲。
戈：你好。
何：你好，戈小姐。这是我的名片。
戈：啊，谢谢。
李：对不起，我的名片忘带了。你的也忘带了吧？

戈：嗯，当然……，很抱歉。

何：没关系，没关系，我们已经认识了，这儿太乱，咱们到那边儿坐坐？

李：噢，好，好。

何：我妻子和女儿啊，都是你们刊物的忠实读者，我有时候儿也翻一翻，很有意思啊。

李：哪里，哪里。

何：客套话少说，咱们还是谈正事儿要紧。

李：对，对，对。咱互相吹捧就不对了，谈正事，谈正事。

何：事情是这样，再有两个月就到六一儿童节了。咱们当大人的总得为孩子们办点儿实事儿，欸，你说对吧？

李：嗯，你说，你说。快把你的想法说出来让我们听听。

何：我们《大众生活》编辑部啊，准备在六一给全市小朋友搞一台晚会。晚会的题目叫"快成长"。我们希望邀请贵刊和我们共同主办这一盛会。

戈：嗯，到时候儿，小朋友不定高兴成什么样儿呢。我们一起主办。

（节选自《编辑部的故事·侵权之争》，作者：王朔、冯小刚，有改动）

第九讲

形 容 词

> 形容词表达的是人或事物的性质或状态，总的来说，用法比较简单，不过，这些用法中，也有一些需要特别注意的地方。

一、一般形容词的用法

通常，形容词具有下面的一些用法：

1. 程度副词+Adj., 如：很快　非常棒　太好了
2. 否定式：不+Adj., 如：不快　不高兴

注意：

有些形容词是"有×"形式，否定式是"没有×"，如：

有名—没有名　有道理—没有道理　有理想—没有理想

3. 肯定否定连用表疑问：Adj.+不+Adj., 如：

快不快　干净不干净（干不干净）

4. 重叠：

AA的，如：快快的　胖胖的

AABB的，如：干干净净的　舒舒服服的

ABAB 的，如：雪白雪白的　碧绿碧绿的

5. 做定语，如：一匹快马　有趣的游戏

6. 做状语，如：快跑　慢走

7. 做谓语，如：飞机很快，自行车不快。

8. 做补语，如：飞机飞得很快　听清楚

二、形容词做定语

大多形容词可以做定语，修饰名词。不过，要注意"的"的问题：

1. 单音节形容词可以直接做定语，但是比较少。如：

大马　新衣服　热天　白布

2. 多于一个音节的形容词和形容词短语做定语，一般要加"的"。如：

漂亮的衣服　闷热的天　雪白的布　很大的马

3. 有些形容词只能做定语，修饰名词。如：

男　女　正　副　大型　一切　慢性　彩色　初级　共同　主要
急性　新式　天然　基本

这些形容词做定语时，无论音节多少，一般都不加"的"。

注意：

1. "真、太、有点儿、有一些、怪、分外、尤其＋形容词"，不能做定语。

2. 不要过多使用形容词做定语。如：

老师问<u>不难的问题</u>，我们都会回答。

最好改为：

老师问的问题不难，我们都会回答。

因为在"老师问不难的问题"中,"问题"是一个新的信息,"不难"只是修饰"问题"的,可是说话人的本意是强调问题"不难",因此,最好把"不难"放在谓语位置上。

三、形容词做状语

1. 单音节形容词大都不能自由地做状语,只有很少几个可以。如:

多 少 早 晚 快 慢 难 真 全

(1) 天冷了,多穿点儿衣服。
(2) 早睡早起身体好。

2. 双音节形容词做状语多是书面语词汇。如:

经常 特别 一般 正式 一致 普遍 积极 公开 直接
完全 充分 彻底 努力 刻苦 认真

也有少量口语词汇。如:

仔细 细心 勉强 干脆 老实 大胆

(1) 他上课总是积极发言。
(2) 我勉强答应了他。

3. 形容词做状语多用重叠形式,或者前加程度副词。如:

(1) 孩子们安安静静地坐着看书。
(2) 我们痛痛快快地玩儿了一天。
(3) 圆圆地排成一个圈。
(4) 他很高兴地答应了。

注意：

"热闹、普通、凉快、平坦、稳当"等词，只有重叠后才能做状语。如：

(1) 一家人热热闹闹地过了个春节。
(2) 他把瓶子稳稳当当地放了进去。

四、形容词做谓语或补语

形容词做谓语或补语时，前面一般要加"很"。如：

(1) 他很快，我也很快。（S+很 Adj.）
(2) 他跑得很快，我跑得也很快。（S+V 得 + 很 Adj.）

"很"在这里只起语法上的限制作用，没有语义上的加强意义。如果不用"很"，则隐含对比。如：

(1) 他快，我不快。
(2) 他跑得快，你让他去吧。（别人跑得不快）

> **下列句子中，形容词做谓语没带"很"，有什么特别的意思？**
>
> 1. 北京的冬天冷，你得多带一些厚衣服。
>
> 2. 春节期间车票贵，我想别的时候再回家。
>
> 3. 他的汉语好，你找他翻译吧。
>
> 4. 他的学历高，可是你又嫌他矮。你到底想找什么样的？
>
> 5. 这份工作很累，可是工资高，我决定做下去。

当然,"很"也可以用来表达程度含义,除了"很"以外,其他程度副词也可以与形容词一起使用。常见的有以下一些:

口语	通用语	书面语
好	多 多么 太 真	何等
挺 怪	很 非常	颇 十分 万分 极度 分外
顶	最	
有点儿 有一些	不大 比较 还 稍微 略微	较 稍
极		极其
	更	更加 格外
	太	过 过于
	尤其	

形容词与这些程度副词一起使用的时候,要注意语体的问题,不能把口语形容词和书面语程度副词一起使用。如:

(1) *颇棒!(很棒!/好棒!)
(2) *万分牛!(非常牛!/挺牛!)

注意:
1. 以下这些形容词不受程度副词修饰:
AB 式: 雪白 碧绿 天蓝 笔直 血红 冰凉 漆黑(像……一样 Adj.)
ACC 式: 绿油油 傻乎乎 香喷喷 亮晶晶 暖洋洋 乱哄哄 红通通 孤零零 软绵绵 甜丝丝 静悄悄
2. "有点儿"后面的形容词一般是贬义的,"比较"则没有限制。如:

有点儿脏 有点儿难 有点儿难看

比较干净／比较脏

比较容易／比较难

比较漂亮／比较难看

3. 在有的程度补语前，形容词也有一定的限制。如在"Adj.得慌"中，形容词一般只是那些感觉类的，而且是不舒服的感觉。如"饿、烦、热、渴、难受"等。

4. 形容词后常见的程度补语有：

极了　多了　死了　得很　得不得了　得慌　透了

五、形容词重叠

形容词重叠有几种形式：

1. AA 的：　白白的　大大的　胖胖的
2. AABB 的：漂漂亮亮的　舒舒服服的
3. ABAB 的：雪白雪白的　碧绿碧绿的　笔直笔直的　冰凉冰凉的
　　　　　　漆黑漆黑的

形容词重叠做定语时，描写的作用更强，带有喜爱的感情。如：

(1) 她大大的眼睛，弯弯的眉毛，高高的鼻子，很漂亮。

(2) 她的房间干干净净的。

做状语和补语时，表示程度很深。如：

(1) 她轻轻地走进来。

(2) 他躲得远远的，不肯过来。

注意：

1. 有些双音节形容词有两种重叠形式，但是，意思不同。如：

(1) 他每天都高高兴兴的。

　　告诉他一个好消息，让他高兴高兴。

(2) 房间打扫得干干净净的。

　　你把房间打扫一下，干净干净。

"高兴高兴""干净干净"类似动词用法，没有性状描述的作用。

2. 事实上，大概只有不到20%的形容词可以重叠，且其中90%以上是口语词。以下形容词不能重叠：

耳背	年轻	心细	性急	胆大	心虚			
开心	吃亏	吃香	刺耳	丢人	动人	可口	省事	听话
有名	知足							
好看	难看	愉快	正直	不安	不幸	能干	好听	无耻
美丽	整洁	精彩	严肃	肮脏	方便			

> **？根据句子的意思，用形容词的不同重叠形式改写下列句子**
>
> 1. 今天她看起来挺漂亮的。
>
> ―――――――――――――――――
>
> 　　你去把头发做一下，咱也漂亮一点儿。
>
> ―――――――――――――――――
>
> 2. 考完试了，学生们可以很轻松地玩儿玩儿了。
>
> ―――――――――――――――――
>
> 　　考完试了，咱们去酒吧喝喝酒，玩儿玩儿，轻松一下吧。
>
> ―――――――――――――――――
>
> 3. 这个孩子天天都很快乐，真让人羡慕。
>
> ―――――――――――――――――
>
> 　　你不能总想着伤心事，应该想办法快乐起来。
>
> ―――――――――――――――――

六、"有点儿"和"一点儿"

"有点儿"和"一点儿"的用法其实很简单。"有点儿"只能用在形容词前面，客观地表示某个性状的程度。"一点儿"则要用在形容词后面，而且"Adj.+一点儿"一定含有比较的意义。另外，"一点儿"还可以用在名词前面。

大家只要记住它们使用的句型就可以了：

V＋一点儿＋NP	他会说一点儿英语。 这是我们的一点儿心意,请收下。
(A 比 B)Adj.＋一点儿	我比他高一点儿。 快(一)点儿,快(一)点儿,来不及了。 你说慢一点儿,我听不懂。
有点儿＋Adj.	英语有点儿难。 你穿得有点儿少。

❓ 用"一点儿"或"有点儿"填空

1. 大卫喝了（　　）啤酒。
2. 北京的夏天（　　）热。
3. 车上（　　）挤。
4. 玫瑰花（　　）贵。
5. 今天的作业（　　）多。
6. 我现在（　　）胖,我想瘦（　　）。
7. 你说得（　　）快,请讲慢（　　）。
8. 我吃了（　　）饼干,现在（　　）渴,咱们快找家商店买（　　）水喝吧。

七、形容词与比较句

形容词常常用在比较句中，汉语常见的比较句有以下一些：

肯定	否定
A 比 B Adj.	A 没有 B Adj.
A 比 B Adj. 一点儿/多了/得多	A 没有 B 那么/这么 Adj.
A 比 B 更 Adj.	A 不比 B Adj.
A 比 B 还 Adj.	A 不如 B（Adj. 为褒义）
和 A 比起来，B 更/比较/最 Adj.	
A+V 得比 B Adj.	
A+V+O+V 得比 B Adj.	
A 和 B 一样（Adj.）	A 和 B 不一样（Adj.）

一、写出下列形容词的重叠式

小 _____   矮 _____   蓝 _____   好 _____
长 _____   凉快 _____ 高兴 _____ 热闹 _____
随便 _____ 清楚 _____ 冰凉 _____ 笔直 _____
漆黑 _____

二、下列哪些形容词可以与"很"一起用？

热　初级　整齐　累　熟悉　焦黄　想家　热情　一切　清亮亮

三、判断正误并改错

1. 这个花园是漂亮。（This garden is beautiful.）

2. 他好的人。

3. 他有多书。

4. 他的病很慢性，得慢慢地治。

5. 他很友好我。

6. 这是一个太好的机会。

7. 他是一个好极了的人。

8. 中国人结婚的时候，父母送很多礼物。美国人有不同的结婚风俗，在结婚典礼上，朋友们给很多有用的东西。

9. 她有点儿聪明，也很努力，所以学习好。

10. 我现在累得慌，哪儿也不去了。

11. 我一点儿冷，给我拿件衣服来。

12. 我比他不一样。

13. 我的汉语比他很好。

14. 妈妈很轻轻地给孩子盖好被子。

15. 他跳得很高高的。

16. 这件衣服难难看看的，我不买。

16. 现在一共有三个行李，都是太重了。

17. 从那里你可以遥遥远远地看一棵树、一棵草。

18. 她有大大的眼睛，小小的鼻子。她聪聪明明的，说话清清楚楚的。

19. 我在一棵又巨大又漂亮的树下躺下来。

20. 我看得见天空上的雪白云。

21. 你可以得到珍珍贵贵的经验。

四、作文

描写一个场景：春天来了、生日聚会等等。

要求：使用形容词。

五、趣味阅读

要求：注意形容词的用法。

那些快乐飘在我的头顶

"妈妈，等等我。"我迈着小腿儿摆着双手走在母亲身后。母亲走路总是那么快，像一匹小马。

母亲终于停下了脚步，转过头来看我。我跑到母亲身边，用瘦瘦的小手紧紧地抓住母亲的衣角，我怕母亲把我丢了。今天母亲去镇上，我要紧紧地跟着她。我要看看小镇到底是什么样子。我的梦想就要实现了。我很高兴。

鼻子下有两条长长的鼻涕，像龙一样长，快要流到嘴里了。我闻到了鼻涕那股淡淡的腥味，像河里鱼的气味一样。我深深一吸，鼻涕终于回到鼻子里去了。那一刻，我的鼻子好像被针刺了一下，酸酸的，又很有味道。母亲转过头看我，笑着说："用手擦干净，脏死了。"

"妈妈，等一下我想吃包子，那种白白的包子。"我昂起头对母亲说，"我很喜欢吃这种包子，上次胡军他妈妈到镇上时就买了好几个给他吃，他还给了我半个，很好吃，甜甜的，香香的。"我兴奋地对母亲说，好像有好几个白包子堆在我的眼前。

"好，你喜欢就给你买，不过以后可不许调皮了。如果你再调皮，下次我就不带你去镇上了，知道了吗？"母亲低下头对我说道。

"是，一定不调皮，不惹妈妈生气了。"我信誓旦旦地说。

我牵着母亲的衣角一蹦一跳往前走。天上有好几只小鸟飞过，它们唧唧喳喳地叫着，有几只还打着转儿飞呢，好像是在庆祝我能去镇上玩儿。我一边走一边唱歌，我对着小鸟唱，我大声地唱。我想让小鸟和我一起分享我的喜悦。

离小镇越来越近了。我看到了很多人围在一起。他们的头凑在一块儿，好像在讨论什么大秘密。我想他们在讨价还价。我听到一个人的声音很粗，很响亮，他说一块钱一斤。另一个人却说一块三，少一点儿也不卖。"就不能少点儿吗？""不能的，这已经是最少的了。""那就一块二吧，总可以了吧！""好好，算了算了，懒得跟你争了。下次再这么少可不卖给你了。"

"人真多呀！"我跟母亲说。

"是的，等以后你有出息了，到大城市里生活，人会更多的呢。"

"不可能吧？还有比这儿人更多的地方呀！"

"当然了，只要你好好读书，考到北京上海那些地方去，什么人都有呢，还能看到'乌龟车'呢。"

"哦。"我长长地"哦"了一声，心里发出由衷的赞叹。

镇上的东西特别多，零食最多了，花花绿绿，五彩缤纷，我的眼睛都看花了。我看到几个小孩儿正蹲在一棵树下吃零食，他们吃得那么香。

在商店里，我看到了很多好看的鞋子，有的里面还有密密的毛呢。我再低下头看看自己的鞋，脚趾都露在外面了，像小孩儿的舌头，可母亲一直没给我买。我想让母亲给我买一双新鞋。穿新鞋的感觉一定很舒服的。可转念一想，买了鞋就没钱买包子了。我断然停止了这个想法。

远处传来好听的音乐。我跑过去一看，原来是从音箱里传出来的。一个女人的声音最好听，甜甜的，像水一样柔软，像春天的风一样温和，舒服死了。我问母亲那是谁唱的，母亲也不知道。直到后来我长大了，走进城市的生活里，才知道那个女人是鼎鼎大名的邓丽君。她的歌真好听，现在我还这样认为。

这时，我闻到了包子的味道，就是那种味道，甜甜的，香香的。我抓住母亲的衣角，我要她给我买几个。包子真多呀，白白的，堆在一起像座小山。那真是一座让人口水直流的小山呀！我的眼睛直直地盯着雪白的包子。

那天，我总共吃了三个雪白的包子。我的肚子都圆了，摸上去肉乎乎的。

到了中午十二点多，我和母亲要回家了。我真高兴呀，一蹦一跳的。这次我没抓住母亲的衣角，我已经吃到包子了。

天上的小鸟还在飞，它们好像一直在头顶上跟着我。我又唱起了歌。我唱得真响，一声高过一声。路上好多赶完集回家的人，都转过头来朝我笑。我还回味在包子那又甜又香的味道中。

后来，我真的走进了城市的生活。真像母亲说的，外面的人更多，我还看到了"乌龟车"从我身边呼啸而过。我也经常在路边的摊子上买包子吃，可总觉得没有第一次吃到的包子香，那真是一种享受！

每每回忆起第一次跟母亲去镇上买包子吃的情景，我的内心都会一次次感动。我会想起那个鼻子下有两条长长鼻涕的小孩儿。

（选自http://www.guxiang.com，作者：隐雨，有改动）

第十讲

量词和名词

> 在汉语中，要指出事物的数量时，我们要明确表明统计的单位。"统计的单位"，在语法上就是量词。量词的用法比较简单，但要掌握汉语里所有的量词却不容易。

量词用在名词前面，但是，不是所有的名词前都要加量词，只是在下面两种情况下，名词前才要加量词：

1. 数词＋量词＋名词。如：

  一本书　一辆车　一件衣服

2. 这／那／哪／几／每＋量词＋名词。如：

  这张桌子　那种东西　哪首诗　几瓶水　每个星期

一、量词的类

1. 名量词：表示人或事物的数量单位。
 （1）个体量词。如：

  个　本　条　座　张　片　件　幅　篇　首

(2) 集合量词（collective measure word）。如：

  双　群　对　副　排　打(dá)　束　串　种　类

(3) 度量词。如：

  米　克　升　元

(4) 不定量词。如：

  （一）些　（一）点儿

(5) 借用量词（多借用表容器的名词）。如：

  一<u>碗</u>米饭　一<u>盆</u>水　一<u>车</u>人　一<u>船</u>货物

(6) 临时量词（多借用人体器官名词）。如：

  一<u>脸</u>汗水　一<u>手</u>泥　一<u>头</u>白发　一<u>口</u>北京腔　一<u>肚子</u>不高兴
  一<u>鼻子</u>灰　一<u>身</u>新衣服　一<u>桌子</u>书

(7) 准量词。如：

  年　天　夜　分钟　秒　国　省　市　县

2. 动量词：表示动作的数量单位。

(1) 专用动量词。如：

  次　趟　遍　下　阵　场　番　回

(2) 借用动量词（多借用表动作行为所用工具的名词和人体器官名词）。如：

  扎一<u>针</u>　砍一<u>刀</u>　放一<u>枪</u>　看一<u>眼</u>　吃一<u>口</u>　踢一<u>脚</u>　打一<u>巴掌</u>

注意：

1. 名词前用什么量词，一般是规定好的，不能随便使用。很多量词可以反映名词所表示的事物的形状。如：

(1) 表示根状、杆状的。如：

　　一<u>根</u>黄瓜　一<u>支</u>钢笔　一<u>棵</u>树　一<u>杆</u>枪

(2) 表示条状的。如：

　　一<u>股</u>清泉　一<u>队</u>人马　一<u>排</u>房子　一<u>串</u>糖葫芦　一<u>条</u>小河
　　一<u>列</u>火车　一<u>行</u>树

(3) 表示点状的。如：

　　一<u>点</u>墨　一<u>粒</u>米　一<u>颗</u>珍珠　一<u>滴</u>水　一<u>星</u>儿油

(4) 表示平面的。如：

　　一<u>张</u>地图　一<u>面</u>镜子　一<u>片</u>面包　一<u>层</u>皮

(5) 表示圆形、环状的。如：

　　一<u>轮</u>圆月　一<u>面</u>鼓　一<u>丸</u>药　一<u>卷</u>纸　一<u>团</u>毛线　一<u>圈</u>红印

(6) 表示形状相似的。如：

　　一<u>头</u>蒜　一<u>口</u>井　两<u>撇</u>胡子

2. 有的量词也有褒贬色彩、语体色彩等的不同，学习时需要注意。

(1) 常表示厌恶、轻视义的。如：

　　一<u>窝</u>贼　一<u>伙</u>流氓　一<u>帮</u>傻瓜　一<u>撮</u>野心家

(2) 常表示郑重、珍惜义的。如：

一<u>尊</u>塑像　一<u>幢</u>高楼　一<u>位</u>老人　一<u>捧</u>家乡土　一<u>颗</u>心

(3) 常用于书面语的。如：

一<u>幅</u>古画　一<u>弯</u>新月　一<u>盏</u>灯　一<u>丝</u>希望　一<u>页</u>书　一<u>株</u>白杨

(4) 常用于口语的。如：

一<u>个</u>人　一<u>摞</u>报纸　一<u>嘟噜</u>葡萄　一<u>绺</u>头发　一<u>把</u>香菜
一<u>块</u>草地

3. 要注意不同语境中量词的使用。如：

(1) 她的眼角还挂着<u>一滴</u>泪珠，看起来很可怜。
(2) <u>一串</u>泪珠儿从她的眼里滚落下来。
(3) 司机一滴酒，亲人<u>两行</u>泪。
(4) 她<u>一把</u>眼泪一把鼻涕的，哭得非常伤心。
(5) 她<u>一脸</u>泪水地跑出去了。

4. 集合名词（collective nouns）不能与个体量词一起用，只能与集合量词、不定量词或临时量词一起用。如：

一对夫妻　一批车辆　一桌饭菜　一些文具

常见集合名词有：

车辆　花朵　船只　人口　书本　纸张　父母　师生　亲友
人民　树木　饭菜　财产　书报　城乡

5. 有一些名词没有任何量词，它们多是表示自然现象、社会事物或人类品质的词。如：

大自然　天空　海洋　金融　商业　政治　人类　外表　心灵　眼界

❓ 根据上下文，写出合适的量词

1. 我昨天看了一（　　）电影，一共看了两（　　）。我更喜欢第一（　　）。
2. 我买了一（　　）书，这（　　）书一共有十（　　）。
3. 昨天下了一（　　）雨，但是，只下了一（　　）就停了。
4. 我家有一（　　）花，开得特别好，一共开了十四（　　）呢。
5. 我过生日的时候，你送我一（　　）花吧。要九百九十九（　　）玫瑰。
6. 瓶子里插着几（　　）花，挺漂亮的。
7. 父亲很少骂我，从小到大，他一共只骂了我三（　　）。
8. 昨天，父亲非常生气，狠狠地骂了我一（　　）。
9. 你把那（　　）报纸递给我，好吗？
10. 你总是天天买报纸看，今年我们干脆就订一（　　）吧。
11. 报纸有很多（　　）呢。你喜欢看哪一（　　）的？
12. 太冷了，窗户上都结了一（　　）冰。
13. 在啤酒里放上几（　　）冰吧。
14. 你买这么一大（　　）冰干嘛？
15. 桌子上还剩下几（　　）米，你把它们捡起来吧。
16. 家里没米了，你去买一（　　）吧。
17. 你只吃了一小（　　）米饭，够了吗？

18. 他抓了一（　　）米，出去喂小鸡了。

19. 这些菜不够，我们再来一（　　）豆腐吧。

20. 这（　　）豆腐太小了，给我换一（　　）大的。

21. 从下午5点起，我们吃了一（　　）好饭，看了一（　　）好电影，又在这（　　）冷饮店里坐了几个小时，吃遍了这（　　）店所有品种的冰激凌，花光了我们俩身上所有的钱，再要一（　　）汽水也要不起了。

二、量词的一些特殊用法

（一）临时量词

有的临时量词和"一"一起用时，"一"表示"满""整个"的意思，不能换用其他数词，而且量词后面还可以加"的"。如：

(1) 洒了一<u>桌子</u>水。→洒了一<u>桌子</u>的水。→*洒了两<u>桌子</u>水。

(2) 坐了一<u>屋子</u>人。

(3) 流了一<u>脸</u>的汗。

(4) 踩了一<u>脚</u>泥。

(5) 沾了一<u>手</u>油。

根据句子的意思，用"一+借用量词（的）+名词"的形式改写句子

例：鱼缸里装满了水。→装了一<u>鱼缸</u>水。

1. 他的房间里，地上堆满了书。
2. 他喝了很多啤酒，肚子满满的。
3. 整个假期他都在看书。
4. 打扫完房间后，我手上沾满了土。
5. 春节那天，她从头到脚穿的都是新衣服。

6. 他书包里装满了书，去上学了。
7. 家里来了很多客人，屋子里都坐满了。
8. 生日那天，他收到很多礼物，桌子上都摆满了。

(二) 量词前面也可以加形容词

某些量词前也可以使用形容词加以修饰，但是可用于量词前的形容词很少，主要有"大、小、满、整、长、厚、薄"等。如：

动量词：哭了一大场　咬了一大口　转了一大圈　吓了一大跳

时量词：干了一整年　走了两整天　写了一整夜

个体量词：写了一厚 (/薄/整/大/小) 本日记　一小朵云彩
　　　　　一大幅画儿　一大根木头　一小间屋子　一小块点心
　　　　　一薄片肉　一大滴油

集合量词：来了一长队马　一大帮人　抓了一大把花生　一大捧花儿

借用量词：一大包书　一大瓶水　一大杯酒　一满箱书

量词前加形容词修饰时，可出现在数量结构中的数词主要是"一"，也可以是"几"或者"二、三、四……十"，但是，非常少见。如：

(1) 家具就运了好几大车。
(2) 只喝了三小杯酒。

(三) 单音节个体量词可以重叠，表示"多、逐一"。如：

(1) 祝你年年有今朝，岁岁有今日。
(2) 我试了很多次，可是次次都失败了。
(3) 祝你步步高升！
(4) 他回回下决心，又回回撒谎，现在站在妻子面前，他不敢转过脸来。

(5) <u>条条</u>大路通罗马。

(6) 漳河水，九十九道弯，<u>层层</u>树，<u>重重</u>山，<u>层层</u>绿树<u>重重</u>雾，<u>重重</u>高山云断路。

注意：

量词重叠与"每"的区别是：

1. 量词重叠常常表示的是一个整体，"每＋量词＋名词"既可以强调整体，也可以强调个体。如：

(1) 我们班的同学个个都喜欢汉语。（强调整体）
　　我们班每个人都喜欢汉语。（强调整体）
(2) *我们班的同学个个喜欢的东西都不一样。
　　我们班每个人喜欢的东西都不一样。（强调个体）

2. 量词重叠不能做宾语，"每＋量词＋名词"可以。如：

(1) *我认识他们个个。（他们个个我都认识。）
(2) 我认识他们每个人。（他们每个人我都认识。）

（四）数量词可以重叠，表示"多、逐一"，而且用于描写性的情景。如：

(1) 这个班有三十个人，一个（一）个都很棒。
(2) 屋子里放着一堆（一）堆的书。
(3) 大家一个（一）个地走进来。
(4) 她一遍（一）遍地讲，直到我们都明白了。

注意：

非描写性的句子中，名词用"很多"即可，不能用数量词重叠形式。如：

(1) *我喜欢看小说，我要买一本一本的小说。
(2) *等我有钱了，我一定买一串一串的糖葫芦。

❓ 根据句子的意思，用"一+量词+（一）量词+动词"的形式改写句子

例：他今天心情不好，不停地喝酒，喝完一杯又喝一杯。
　→他今天心情不好，一杯一杯地喝酒。

1. 他太喜欢这本书了，看完一遍又看一遍。
2. 他很喜欢看小说，看完一本又一本。
3. 人们的生活好起来了。
4. 他很细心地照顾她，给她喂饭，喂完一勺接着再喂一勺，直到她吃饱了。
5. 走路就是要这样，走完一步再走一步。

一、用合适的量词填空

1. 我站在山顶，看见一（　　）新月挂在蓝蓝的天上，月亮旁边还有几（　　）星星，太漂亮了。
2. 她戴着一（　　）红色的围巾，穿着一（　　）白色的毛衣。

3. 她的脸上还挂着两（　　）泪珠呢。

4. 宿舍里有两（　　）椅子，一（　　）床和一（　　）桌子。

5. 你带一（　　）香皂、一（　　）毛巾就可以了。

6. 那一（　　）老夫妻，你认识吗？

7. 我要买一（　　）眼镜，去哪儿买好呢？

8. 那（　　）裤子挺好看的，你穿一定帅。

9. 你送我一（　　）筷子干什么？

10. 一（　　）青蛙一（　　）嘴，两（　　）眼睛四（　　）腿，"扑通"一（　　）跳下水。

11. 一（　　）飞机天上飞，两（　　）汽车路上跑，三（　　）小鱼水中游，四（　　）鸭子嘎嘎叫。

二、判断正误并改错

1. 我一出车站，钱包就被一位小偷偷走了。

2. 在北大校园里，我遇到了一个有名的老教授。

3. 一帮可爱的小孩儿向我们跑来。

4. 学校周围有许多个饭店，吃饭很方便。

5. 香山有很多棵树，很多朵花儿，很多块石头，很多只松鼠。

6. 公园里，有的个人在散步，有的个人在打太极拳。

7. 她喜欢买东西，每周末她都带回几双鞋、几件衣服。

8. 一个院子的花儿都开了，漂亮极了。

9. 1997年，我和家人一起在日本住了两月。

三、趣味阅读

童谣四首

小兔子，开铺子
小兔子，开铺子。
一张小桌子，
两把小椅子，
三根小绳子，
四顶小帽子，
五件小褂子，
六粒小扣子，
七条小棍子，
八颗小豆子，
九本小册子，
十双小筷子。

十字歌
一个小宝宝，
两把小铜号，
三棵白杨树，
四朵红玫瑰，
五串紫葡萄，
六支大香蕉，
七根长甘蔗，
八张葱油饼，
九盘花生米，
十碗炸酱面。

红孩子
红鞋子，红袜子，
红裤子，红褂子，
红色头绳扎辫子，
再戴一顶红帽子，
哎哟哟，
哪里来的红孩子？

好孩子
擦桌子，抹椅子，
拖得地板像镜子，
照出一个小孩子。
小孩子，卷袖子，
帮助妈妈扫屋子，
忙得满头汗珠子。

第十一讲

定 语

> 定语是修饰限制名词性词语的成分。现代汉语中,所有的定语都放在被修饰成分的前面。

一、定语的类与"的"

1. 数量词做定语:数量词和名词之间一般不加"的"。如:

　　一本书　这本书　几个学生　每个学生

2. 量词重叠形式做定语:一般不加"的",但有时候也可以加。如:

　　条条大路　阵阵(的)掌声　一片片白云　一封封(的)来信

3. 形容词做定语:单音节形容词后一般不加"的",非单音节形容词一般要加"的"。如:

　　高楼　好书　很好的书　有意思的书

4. 动词性成分做定语:一般要加"的"。如果已经成为一个固定表达,"的"可以不用。如:

我买的书　我给他的书

敲门声　退休生活　修理部

5. 名词或代词做领属定语：如果定语是代词，它修饰的名词是亲属称谓、朋友、同学、机构等，一般不加"的"。如：

老师的妹妹　　　我的书
我妹妹　　　　　我们学校

6. 名词做定语：表示所修饰的事物的属性，一般不加"的"。如：

语法书　木头桌子　中国人　文学作品

注意：
名词做定语的时候，用不用"的"，意思可能不一样。如：

(1) 韩国是中国的朋友。→他有很多中国朋友。
(2) 孩子的脾气不太好。→他有一点儿孩子脾气。
(3) 狐狸的尾巴很长。→他的狐狸尾巴终于露出来了。

二、多项定语的顺序

如果句子中有两个以上的定语，定语的排列就要有一定的先后顺序，大致说来，有几个原则可以帮助我们做决定。

1. 语义距离原则：

定语越是名词性成分的固有性质，离名词性成分的距离越近。如：

一张打牌用的木头桌子

定语"木头"是名词性成分"桌子"的固有性质，而定语"打牌用的"则不是"桌子"的固有性质，但与定语"一张"比较起来，与"桌子"的关系要近一些，因为它表示的是"桌子"的用途，而"一张"只是从数量上限定，所以，"木头"离"桌子"最近，而"一张"最远。

2. 词类排序原则：

我们也可以根据充当定语的成分的语法性质，来决定多项定语的语序。一般来说，根据词类排序的原则是：

代词＞数量词＞动词性＞形容词＞名词。如：

我	那本	在书店买的	有意思的	小说	集
我的	一本	朋友送的	新	语法	书
（领属代词或名词）	（数量）	（动词性）	（形容词）	（名词）	

3. 定语功能类别：

从定语所表达的语义来看，一般可以分为时间定语、地点定语、领属定语、限定性定语、国别定语、描绘定语、性质定语等。我们也可根据定语的语义功能类别来决定多项定语的顺序。一般来说，这些定语的排列遵照以下原则：

时间、地点定语＞领属定语＞限定性定语＞国别定语＞描绘定语＞性质定语。如：

| 昨天买的 | 放在房间前面的 | 那 | 两张 | 法国的 | 红 | 木头 | 桌子，是他的。 |
| 时间 | 地点 | 领属 | 限定 | 国别 | 描绘 | 性质 | |

4. 单音节多项定语：

如果充当定语的词都是单音节的形容词或名词，而且后面都不加"的"，那么，它们之间的排列顺序，一般遵循以下原则：

定语的对立项越少,离名词性成分越远;信息量小的定语在信息量大的定语前。如:

小	黑	铁	球
大	红	木	
	绿	铜	
	蓝	塑料	
	白	布	
	……	玻璃	
		铅	
		石	
		水晶	
		……	

"小"的对立项只有"大",而"铁"的对立项则有"木、铜、塑料"等等,因此,"小"离它所修饰的名词性成分"球"最远,而"铁"最近。从信息量看,因为"小"的对立项最少,所以,它所传达的信息量也最少。

综 合 练 习

一、在该加"的"的地方加"的"

1.我在候机室往乘务队打电话,她(　　)同事告诉我,她去北京了,下午三点回来,并问我是她(　　)爸爸还是她(　　)姐夫,我说都不是。放下电话,我在二楼找了个好(　　)座位,一边吸烟,一边看楼下候机室里(　　)人群和外面停机坪上(　　)飞机;看那些银光闪闪(　　)飞机,像一支支(　　)有力(　　)投枪,直刺蔚蓝色（　　）、一碧如洗（　　）天空。当一位（　　）身材苗条（　　）空中（　　）小姐穿过人群，带着晴朗（　　）高空（　　）气息向我走来时，尽管我定睛凝视，但除了看到道道（　　）阳光在她（　　）美丽（　　）脸上流溢；看到她全身耀眼（　　）天蓝色（　　）制服——我几乎什么也没看到。

2. 我始终找不到和王眉个别谈话（　　）机会。白天她飞往祖国（　　）各地，把那些（　　）大腹便便（　　）外国人和神态庄重（　　）同胞们运来运去。晚上，她就往我住（　　）地方带人，有时一两个，有时三五个。我曾问过她，是不是这一路上不安全，需要人做伴？她说不是。那我就不懂了。她（　　）同事都是很可爱（　　）女孩，我愿意认识她们，可是，难道她不知道我希望（　　）是和她单独聊天吗？也可能是成心装糊涂。她看来有点内疚，每次来都带很多（　　）各地（　　）水果：海南（　　）菠萝蜜，成都（　　）桔子，新疆（　　）哈密瓜，大连（　　）苹果……吃归吃，我还是心怀不满。

二、把下列句子扩展成含多项定语的句子

1. 叫我深深感动的是<u>依恋</u>。（那种　她　深深的　对我的）
2. 你还记得<u>女孩</u>吗？（那个　到过咱们舰的　那年　小）
3. 我去<u>商场</u>买了<u>东西</u>。（自选　古城的　食品，一　堆　大）
4. 你心里一定充满着<u>东西</u>。（一些　遥远的　我不知道的　美好的）
5. 你会碰见<u>小伙儿</u>。（帅　很多　晒得黑黑的　歪戴着帽子）
6. 我写信安慰她，告诉她<u>危险</u>。（我　一些　经历过的）
7. 我希望你做<u>姑娘</u>，不多嘴多舌。（温柔可爱的　听话的　一个　好）
8. 村里盖了<u>楼房</u>。（许多　新　俗气的）

三、判断正误并改错

1. 坐火车要花非常长时间。
2. 电脑的桌子也是我的做作业的地方。
3. 我最喜欢地方是我的房间。
4. 我以为我和这样事没关系。
5. 我们先打扫打扫房间，然后看大山*电视节目。
6. 我欣赏着一种在我旁边芳香的花。

四、翻译

1. The woman holding a baby in her arms was waiting to see the doctor.
2. her father's large house near New York
3. two different aspects of science
4. another important factor to be considered in choosing the place
5. this eye-catching large Chinese bronze picture frame
6. some pretty red brick houses
7. the advanced foreign experience
8. the three Japanese cities
9. a small round wooden table

---

* "大山"是一个有名的电视节目主持人。

五、看图说话

要求：根据图片所提供的信息，发挥你的想象力，跟你的同学一起编一个生日聚会的故事，请尽量使用各种定语。

第十二讲

状　语

> 状语是修饰说明谓词性词语的成分。汉语中，状语一般放在句子主动词的前面，或者在句子开头。

一、状语的类

状语可以分为两大类：一类状语是修饰句子中的主动词的，一类则是修饰整个句子的。

1. 状语修饰主动词时，一般放在句子的主语后，主动词前。如：

(1) 我 <u>1993年</u> 来北京了。　[时间点：时间名词]

(2) 我 <u>在北京</u> 学习汉语。　[地点：在＋地点]

(3) 我 <u>坐飞机</u> 来北京。　[方式：动词＋名词]

(4) 我们 <u>用汉语</u> 聊天。　[工具：介词＋名词]

(5) 我 <u>对汉语</u> 感兴趣。　[对象：介词＋名词]

(6) 我 <u>给妈妈</u> 打电话。　[关系对象：介词＋名词]

(7) 他 <u>比我</u> 学得好。　[比较对象：介词＋代词]

(8) 我 <u>从明天</u> 开始学习汉语。　[时间点：介词＋时间名词]

(9) 我 <u>刚</u> 学了一年汉语。　[时间方式：副词]

(10) 我<u>突然</u>想学习汉语。 [时间方式：副词]
(11) 他<u>急忙</u>跑回了家。 [时间方式：副词]
(12) 我们<u>悄悄</u>地进去。 [状态：副词]
(13) 我<u>努力</u>学习汉语。 [状态：形容词]

2. 状语修饰整句时，一般放在句子的开头。如：

(1) <u>至于时间和地点问题</u>，我们再找时间讨论吧。
(2) <u>关于西湖</u>，有一个美丽的传说。
(3) <u>对于他的意见</u>，你们最好好好考虑一下。
(4) <u>随着时间的推移</u>，人们渐渐淡忘了这件事情。
(5) <u>我去的时候</u>，大家都已经到齐了。

二、状语与"地 (de)"

1. 如果状语是单音节形容词，后面一般不加"地"。如：

快跑　傻笑　慢走　大哭

2. 如果状语是双音节形容词或形容词性词组、动词性词组，后面一般要加"地"。如：

(1) 他认真地看着我，说："你想好了吗？"
(2) 他客客气气地点了点头。
(3) 他一字一顿地说："就是这样，不能改变。"

3. 如果状语是数量词重叠形式，后面一般要加"地"。如：

(1) 他一步一步地走上来。
(2) 她一件一件地试穿，足足试了半个小时。

4. 如果状语是名词，后面要加"地"。如：

(1) 这个任务历史地落在我们的肩上。
(2) 要科学地看问题。

5. 如果状语是描写动作的状态副词，"地"一般可加可不加，有的则一定不能加。如：

(1) 雨渐渐（地）小了。
(2) 他偷偷（地）溜走了。
(3) 父亲今天亲自下厨房做菜给我吃。

三、多项状语的顺序

句子中如果有多个状语，状语的排列顺序一般遵循以下几个原则：

1. 语义距离原则：

状语与 VP 的关系越近，离 VP 越近。如：

我们一般早上八点上课。

状语"八点"是"上课"发生的时间，而"一般"则是说话人做出的限定，与"上课"的语义关系较远，因此"一般"放在"早上八点"前，离"上课"更远。

2. 状语语义类原则：

我们可以按照状语所表达的语义给多项状语排序。具体来说，不同语义的状语一般遵照以下的排序原则：原因 / 目的 / 语气 > 时间 > 地点 > 协同者 > 动作者状态 > 工具 / 对象 / 方式 > 动作情状。如：

(1) 因工作关系，我 1998 年　在那个公司　和他一起　努力地
　　（原因）　　　（时间）　　（地点）　　（协同）（动作者状态）

用英语工作了一年。
　　　(工具)

(2) 我高兴地　　给他　打了一个电话。
　　(动作者状态)　(对象)

(3) 他一个人　慢慢地　走了进来。
　　　(方式)　(动作情状)

四、副词与状语

副词只能做状语，即副词一般只能用在动词或形容词前面。

(一) 副词的类

根据副词的语义，大致可以将副词分为以下几个小类：

1. 关联副词。如：

　　才（只有……才）　　就（只要……就）

　　又（你又不胖，何必吃减肥药呢？）

2. 语气副词。如：

　　却　倒　毕竟　偏偏　竟然　也许　大概　幸亏　到底

3. 时间副词。如：

　　常常　已经　从来　终于　马上　忽然　永远

4. 总括副词。如：

　　都　一共　统统

5. 限定副词。如：

　　就　光　仅仅　只　才

6. 程度副词。如：

　　很　非常　太　最　稍微

7. 否定副词。如：

　　不　没（有）　别

8. 协同副词。如：

　　一起　一块儿　一齐　一同

9. 重复副词。如：

　　又　再　重新　还　反复

10. 状态副词。如：

　　分别　白　亲自　偷偷　渐渐　逐个

11. 类同副词。如：

　　也

（二）多项副词的顺序

如果句子中有不止一个副词出现，那么这些副词的排列顺序一般是：关联副词、语气副词和时间副词一般总是放在前面，协同副词、状态副词、程度副词一般总是放在最靠近谓词性成分的位置，而其他副词的位置比较灵活，依语义表达需要而定。如：

（1）我只要有空儿，<u>就</u> <u>一定</u>来找你。［关联＋语气］
（2）本来就忙，<u>又</u> <u>偏偏</u>赶上孩子生病，真是没办法。［关联＋语气］
（3）他<u>果然</u> <u>马上</u>回来了。［语气＋时间］
（4）他们<u>也许</u> <u>都</u>走了。［语气＋总括］
（5）他<u>大概</u> <u>只</u>吃了一碗米饭。［语气＋限定］
（6）他<u>正好</u> <u>最</u>年轻。［语气＋程度］
（7）他们<u>难道</u> <u>不</u>知道？［语气＋否定］
（8）你们<u>不妨</u> <u>一起</u>走。［语气＋协同］
（9）你<u>何必</u> <u>再</u>来一趟？［语气＋重复］
（10）我<u>只好</u> <u>亲自</u>去。［语气＋状态］
（11）我<u>当然</u> <u>也</u>同意去。［语气＋类同］
（12）他们<u>已经</u> <u>都</u>出发了。［时间＋总括］
（13）他<u>曾经</u> <u>反复</u>告诉过我。［时间＋重复］
（14）他们<u>都</u> <u>只</u>读过一本书。［总括＋限定］
（15）我们<u>只</u> <u>一起</u>吃饭。［限定＋协同］
（16）他们<u>一起</u> <u>悄悄</u>地离开了。［协同＋状态］

一、在合适的位置填上"地"

1. 当她开始细细（　　）打量我们的船，并高兴（　　）叫起来时——她看见了我。

2. "叔叔，昨天我看见过这艘军舰。"女孩歪着头（　　）骄傲（　　）说。

3. 就是因为这次旅行（　　），我深深（　　）爱上了中国。

4. 我到处（　　）登山临水，不停（　　）往南（　　）走。

5. 她惊慌（　　）跑了出去。

6. 他没再说一句话，一直紧闭着双眼，动也不动（　　）坐着，脸白得像张纸。

7. 我已经（　　）不那么忧心忡忡（　　）天天（　　）跑首都机场了。

8. 关义来看我，也大惊小怪（　　）问："你还是无所事事（　　）待着？"

9. 还是一天一天（　　）、一年一年（　　）干下去。

10. "可她确实（　　）是有话对我说呀。"我绝望（　　）大（　　）叫。

二、将下列句子扩展成含多项状语的句子

1. 我们<u>跑</u>着。（兴高采烈地　在公路上）

2. 我们<u>执行任务</u>。（没日没夜地　在海洋中　那五年里）

3. 每天晚上她回去的时候，总是低垂着头，拉着我的手<u>走</u>。（不言不语地　慢慢地）

4. 晚上，我<u>坐</u>着看电视。（和爸爸一起　默默地）

5. "你太累了，别这么拼命地干，要注意身体。"我<u>说</u>。（对阿眉　心疼地）

6. 我忽然有几分心酸。王眉<u>不说话</u>。（默默地　也）

7. 她是决不愿意放弃的！尽管她不能<u>告诉你</u>。（明明白白地　用语言　再）

8. 她<u>传达信息</u>。（向你　一定会　用某种形式　也）

9. 她叹口气，<u>装</u>回自己包里。（把书　不情愿地）

三、在合适的地方填上"的"或"地"

1. 我充满信任（　　）乘阿眉服务（　　）航班回北京。
2. 一个穿红色连衣裙（　　）女孩清楚（　　）出现在我的视野中。
3. "别傻呆呆（　　）看我。"我拍着他（　　）肩膀乐呵呵（　　）说，"待会儿尝尝咱（　　）手艺。"
4. 站在我身旁（　　）一个老头一边从扶手上抽回自己瘦瘦（　　）手，一边抱歉（　　）对阿眉说："这是我（　　）手"。

四、将定语和状语放在句中合适的位置

1. 旅游者们出来了。（兴奋的　从客舱　纷纷）
2. 我看男男女女。（用望远镜　那些　神情愉快的）
3. 她透露了秘密。（向我　心里的）
4. 理想感动了我。（纯朴的　女孩　深深地）
5. 女孩吓坏了。（被　大浪　却）
6. 我受不了闲居的日子。（吃吃睡睡的　实在）

五、趣味阅读

要求：注意定语和状语的使用。

地毯的那一端

那样久远的事了。

刚认识你的那年才十七岁，一个多么容易犯错误的年纪！但是，我知道，我没有错。我生命中再没有一个决定比这个更正确了。前天，大伙儿一块儿吃饭，你笑着说："我这个笨人，我这辈子只做了一件聪明的事。"你没有再说下去，妹妹却拍起手来，说："我知道了！"啊，德，我能够快乐地说，我也知道。因为你做的那件聪明事，我也

做了。

那时候，大学生活刚刚开始。台北的寒风让我每日思念南部的家。那些日子真是冷极了。而这时候，你来了，你那种不求回报的友谊四面环绕着我，让我的心触及到了最温柔的阳光。

我没有兄长，从小我也没有和男孩子同学过，但和你交往却是那样自然，和你谈话又是那样舒服。有时候，我想，如果我是男孩子该多么好啊！我们可以一起去爬山，去泛舟。好几年以后，我把这些想法告诉你，你微笑着注视着我："那，我可不愿意，如果你真想做男孩子，我就做女孩。"而今，德，我没有变成男孩子，但我们可以一起去做山和湖的梦，因为，我们将有更亲密的关系了。啊，想象中终生相爱相随该是多么美好！

每逢没有课的下午，我总是留在小楼上，弹弹风琴，把一本琴谱都快翻烂了。有一天你对我说："我常在楼下听你弹琴。你好像常弹那首《甜蜜的家庭》。怎么？在想家吗？"我很感激你的偷听，唯有你了解、关心我的心情。德，那个时候，当你独自听着的时候，你想些什么呢？你想到有一天我们会组织一个家庭吗？你想到我们要用一生的时间以心灵的手指合奏这首歌吗？

寒假过后，你把那本泰戈尔诗集还给我。你指着其中一行请我看："如果你不能爱我，就请原谅我的痛苦吧！"我于是知道发生什么事了：我不希望这件事发生，我真的不希望。并非由于我厌恶你，而是因为我太珍重这份纯洁的友谊，反倒不希望有爱情去加深它的色彩。但我却乐于和你继续交往。你总是给我一种安全的感觉。从开始，我就付给你我全部的信任。

你那些小小的关怀常令我感动。每次打扫教室，你总强迫我放下扫帚，我便只好远远地站在教室的门口，等你扫好了，我就去摆桌椅，并且帮你把它们排齐。每次，当我们目光偶然相遇的时候，总觉得那样兴奋。记得有一次我提到玛格丽特公主在婚礼中说的一句话："世界上从来没有两个人像我们这样快乐过。"你毫不在意地说："那是因为他们不认识我们。"我喜欢你的自豪，因为我也如此自豪着。

我们终于毕业了，你在掌声中走到台上，代表全系领取毕业证书。我的掌声也夹在众人之中，但我知道你听到了。在那美好的六月清晨，我的眼中噙着欣喜的泪，我感到那样骄傲。

我永不能忘记那次去泛舟。回程的时候，忽然起了大风。小船在湖里直打转，你奋力摇橹，累得全身都汗湿了。

"我们的道路也许就是这样吧！"我望着平静而险恶的湖面说，"也许我使你的负担更重了。"

"我不在意，我高兴去搏斗！"你说得那样急切，使我不敢正视你的目光，"只要你肯在我的船上，晓风，你是我最甜蜜的负荷。"

那天我们的船顺利地靠了岸。德，我忘了告诉你，我愿意留在你的船上，我乐于把舵手的位置给你。没有人能给我像你给我的那种安全感。

那天晚上你送我回宿舍，当我们迈上那斜斜的山坡，你忽然驻足说："我在地毯的那一端等你！我等着你，晓风，直到你对我完全满意。"

而今，我们的婚礼即将开始。德，当结婚进行曲奏响的时候，父母将挽着我，送我走到你的面前，我乐于走过众人去立下永恒的誓言。

因为，德，因为我知道，是谁，在地毯的那一端等我。

(选自 http://www.bookhome.net，作者：张晓风，有改动)

第十三讲

结果补语

> 从本讲到第十五讲，主要介绍汉语里的四种补语：结果补语、趋向补语、可能补语和状态补语。结果补语用来表达动作的结果。

我们有时候需要区别动作和动作的结果。看一组英文和意大利文的例子：

look for 找——find 找到
look 看——see 看见
go to bed 睡——fall asleep 睡着
advise 劝——persuade 劝动

cercare 寻找——trovare 找到
studiare 学习——imparare 学会
guardare 看——vedere 看到
dormire 睡觉——addormentarsi 睡着

前一组动词都仅仅表达动作，而后一组则强调了动作的结果。英语也可以用句子来表达动作和结果，如：I was scared silly.（我吓傻了。）在汉语里，有一个专门的语法成分用来表达动作的结果，这就是结果补语。结果补语一般是由动词和形容词充当的。

一、结果补语的语义

一个动词的后边往往可以带很多结果补语，我们可以从不同的角度来说明动作的结果：动作者怎么样了、动作的对象怎么样了、动作怎么样了。如：

(1) 他洗衣服洗累了。（他洗衣服，他累了。）
(2) 他把衣服洗干净了。（他洗衣服，衣服干净了。）
(3) 他洗完衣服了。（他洗衣服，洗的动作结束了。）
(4) 他洗衣服洗快了。（他洗衣服，洗的动作快了。）

因为结果补语强调的是动作后的结果，所以，"动词＋结果补语"的后边常常用"了"。它的否定形式是"没＋动词＋结果补语"。如：

(1) 我去买票，但是，没买到。
(2) 我躺了一个小时，还是没睡着。

只有在假设的情况下，才能用"不"否定。如：

(1) 你一定要讲清楚，如果不讲清楚，就容易产生误会。
(2) 我一定要学好汉语，不学好我就不回国。
(3) 不看见他我就不回去。

二、常用结果补语

有的结果补语，特别是形容词做结果补语的时候，意思一看就明白。如：

(1) 孩子长大了。

(2) 他的脸变红了。

(3) 公共汽车开远了。

(4) 房间打扫干净了。

(5) 饭做好了。

(6) 他饿晕了。

(7) 报纸卖光了。

(8) 他把杯子弄坏了。

但是，还有一些结果补语，它们的意思需要我们专门学习。下面是一些常见的结果补语，后边是它们常常搭配的动词。

1. 见（显现）：看　听　闻　遇　碰　梦

　　昨晚我做了一个梦，梦见我变成了一个大富翁。

2. 着 (zháo)（动作达到目的）：睡　猜　借　买　找

　　他一会儿就睡着了。

3. 到 (1)（动作达到目的）：找　见　借　得

　　　　这本书太受欢迎了，很不容易借到。

　　(2)（动作持续时间）：学　谈　吃　打

　　　　我们一直学到十点。

　　(3)（到达某处）：走　送　回　跑　飞　运

　　　　你把这些东西送到教室里去。

(4)（达到的程度）：发展　贵

他们的关系已经发展到要结婚的程度了。
孩子睡着以后，两人开始吵架，吵到不想吵了，林风拿起车钥匙出去了。

4. 好（完成）：准备　写　听　坐　吃　走

准备好了吗？我们马上开始。

5. 成（成果）：变　写　画　翻译　设计

你怎么把她画成这个样子了？太难看了。

6. 住（固定）：站　停　握　抓　挡　盖　记

抓住这根绳子，千万别松手。

7. 在（使某物在某处）：放　写　站　贴　坐

把书放在桌子上就可以了。

8. 走（离开）：飞　送　借　偷

小偷把我的自行车偷走了。

9. 掉（分离）：卖　丢　扔

这些旧报纸，我们卖掉吧。

10. 下（分离）：脱　拆　放

他放下东西就走了。

三、结果补语常常出现的句型

"动词＋结果补语"常常用在以下这些句型中：

S+VC+O。如：我做完作业了。
O+（S）+VC。如：作业（我）做完了。
S+把+O+VC。如：我把作业做完了。
S+V+O+VC。如：我做作业做完了。

一、判断正误并改错

1. 我用一个小时一定能记这些生词。
2. 我向外一看，看一个人在那儿。
3. 我在去上课的路上看一只狗。
4. 相信我们，我们一定能救他，请你们在手术室外等着。
5. 我没买飞机票，只好坐火车去了。
6. 在电视节目里，可以看一场激烈的辩论正在进行着。
7. 由于我那么小，忘了很多，可我记了袋鼠、树袋熊等等。
8. 他说奇怪的话完以后，做了个奇怪的动作。

二、把下列句子改写成带结果补语的句子

例：我学跳舞。我会跳舞了。→我学会跳舞了。

1. 我做了一个梦。梦里有一个老同学。
2. 我猜他的意思。我知道了他的意思。
3. 我买飞机票。我没有得到飞机票。
4. 我学习，一直到十点。
5. 我放杯子。杯子在桌子上。

6. 朋友借我的自行车。我的自行车不在我这儿了。

7. 我扔坏面包。坏面包没有了。

8. 我去了，但是，晚了。

9. 我吃饭。我饱了。

10. 老师讲那个问题。问题清楚了。

11. 我们听老师的话。我们懂了。

12. 我非常累。我要死了。

三、填上合适的结果补语

1. 起来起来，吃饭，吃（　　）去看电影。

2. "怎么会呢？我是那种人吗？"我把一只手伸（　　）她。她抱着我那只手放（　　）胸前，孩子一样心满意足地睡了。

3. 我们三人穿过小树林，来（　　）了游泳池。

4. 我听（　　）那边传来一个很大的响声。

5. 第二天天亮，我才重新看（　　）他们。

6. 我们约（　　）了要去吃饭的地方，我就在医院门口等杜梅。

7. 我们到了那家饭店，楼上楼下找了一圈，没发现王军和他的女友。"怎么回事？地方说（　　）了？"她问。

8. 别人不也认为我是个无耻的人吗？很多场合我也确实是那样。但和杜梅没怎么费事我就变（　　）了一个君子。

9. "放（　　）我，放（　　）我，你把我的手弄（　　）了。"她大声喊。

第十四讲

趋向补语与可能补语

> 趋向补语用来表达动作的方向。可能补语表达的是动作发生的可能性。

一、趋向补语

有些动作发生的时候，往往带有一定的方向，人类语言会用不同的方式来表达动作和动作的方向。如西班牙语中，有一些动词的意思中就含有了动作的方向。如：entrar ("to go in")，salir ("to go out")，bajar ("to go down")，subir ("to go up")，pasar ("to go by")，volver ("to go back")。在汉语里，我们则有一套专门的语法表示动作的方向，那就是在动词后边加上趋向补语。

（一）趋向补语的类

常用趋向补语有下面一些：

	上	下	进	出	回	过	起
来	上来	下来	进来	出来	回来	过来	起来
去	上去	下去	进去	出去	回去	过去	

来：动作向着说话人。如：

(1) 我来北京学习汉语。（说话人在北京）
(2) 他向我跑来。

去：动作离开说话人。如：

(1) 我要去北京学习汉语。（说话人不在北京）
(2) 孩子向妈妈跑去。

V上 +（终点 destination）+（来/去）。　　如：爬上山来。
V下 +（起点 departure）+（来/去）。　　如：走下山去。
V进 +（终点）+（来/去）。　　　　　　　如：走进门来。
V出 +（起点）+（来/去）。　　　　　　　如：跑出门去。
V回 +（起点 & 终点）+（来/去）。　　　如：跑回房间来。
V过 +（路径 path）+（来/去）。　　　　如：走过桥来。
V起来（方向 direction）　　　　　　　　如：太阳升起来了。

如果只表示到达终点，不强调到达时动作的方向，用"到"就可以了。

V到 +（终点）+（来/去）。如：

(1) 跑到楼上去。→跑上楼来。
(2) 跑到屋子里来。→跑进屋子来。

(二) 趋向补语带宾语

如果句子中又有趋向补语，又有宾语，最常用的句型有两种：
1. V+上/下/…+宾语+（来/去）。如：

(1) 走上楼去。
(2) 飞回韩国去。
(3) 拿进一本书来。

2. 把 + 宾语（非地点宾语）+V 上／下／…+（来／去）。如：

(1) 把书拿进来。

(2) 把桌子推过去。

(3) 把东西背上去。

(三) 趋向补语的引申用法

常用的趋向补语除了表示动作的方向以外，一般都有一些引申的意义。如：

V+上：

1. 表闭合：关上门　拉上窗帘　闭上眼睛　挂上电话
2. 表连接：联系上　搭上话　遇上阴天　赶上下雨　交上好运
3. 表添加：贴上邮票　穿上衣服　戴上帽子　种上树　点上灯
　　　　　加上　配上乐曲
4. 表填充、覆盖：写上名字　塞上纸　锁上门　盖上被子　签上名
5. 表喜欢：爱上　看上　喜欢上　迷上　挑上　选上
6. 表实现目的：吃上饭　穿上新衣服　喝上好酒　住上新房
　　　　　　　考上大学　买上机票
7. 表达到一定数目：干上两年　喝上两杯　见上一面　睡上几天

另外，还有一些固定词语。如：

说不上　谈不上　顾不上　犯不上

趋向补语的引申意义非常复杂，而且使用频率非常高，限于篇幅，我们不能一个一个地详细讲解。如果大家感兴趣，请看《趋向补语通释》*一书。

---

* 《趋向补语通释》，刘月华，北京语言文化大学出版社出版，1998 年。

二、可能补语

在动词和结果补语或趋向补语之间加上"得"或"不",就成了可能补语。表达的是可能或不可能。如:

V+得+结果补语/趋向补语 = 能V+结果补语/趋向补语
 看得见   =   能看见
V+不+结果补语/趋向补语 = 不能V+结果补语/趋向补语
 看不见   =   不能看见

可能补语的疑问形式有两种:

1. V+结果补语/趋向补语+吗?如:

 (1) 看得见吗?
 (2) 开得进来吗?

2. V得+结果补语/趋向补语+V不+结果补语/趋向补语?如:

 (1) 看得见看不见?
 (2) 开得进来开不进来?

如果句子中又有可能补语,又有宾语,有两种句型:

1. S+可能补语+O。如:

 我听得懂他的话。

2. O+S+可能补语。如:

 他的话我听得懂。

有一些固定结构专门表达可能或不可能。如:

1. V不了/V得了。如:

 太辣了,我吃不了。

2. V不得。如：

老虎屁股摸不得。

3. 怪不得。如：

他病了，怪不得昨天没来上课。

4. 舍不得。如：

我舍不得离开家乡。

5. 来得及/来不及。如：

时间还早呢，不要着急，来得及。

一、写出趋向补语

1. 你们太慢了吧？我们已经到山顶半个小时了。你们快跑（　　）吧。
2. 我累了，咱们坐（　　）休息一下吧。
3. 你站（　　），这是我的座位，不是你的。
4. 我要多拍一些照片寄（　　）家（　　）。
5. 你什么时候回（　　）？爸爸妈妈都很想你。
6. 把手举起来，把钱都拿（　　），都给我！
7. 你别在外面站着，快进（　　）吧。
8. 有一个人向我走（　　），可是我不知道他是谁。

9. 你家在哪儿？从这儿开（　　）得多长时间？

10. 我妈妈敲门把我叫（　　），说有事跟我说。

11. 我们在走廊上坐着说话，这时，一个小护士领着一对青年男女走（　　），她站（　　）和那小护士很亲热地交谈。

12. 我们在诊室门外等着，那个男大夫又把杜梅叫了（　　），很严肃地和她说什么。"怎么啦？"她走（　　），王军忙问。

13. 她看了一眼手表，立刻站（　　）："我得走了，谢谢你请我吃饭啊。"

14. 大多数房间的门都是开着的，有风从朝北的那排窗户吹（　　），很冷。

15. 我们来（　　）病房大楼后面的单身宿舍，一直上了三楼。

二、填上合适的趋向补语，注意趋向补语的引申意义

1. 这是她给我留（　　）的深刻印象。

2. 她向我提（　　）结婚申请时，我们已经做了半年朋友了。

3. 三楼住的都是女兵，这从每个房间门上挂着的不同花色的门帘就可以看（　　）。

4. 一个人在餐馆里说一道菜可口并不是说他想留（　　）当厨师。

5. 有时她值夜班就给我打电话，我们就在电话里聊（　　）几个钟头。

6. 她穿着绿色的短裤和背心，看（　　）十分凉爽。

三、用可能补语改写句子

例：我的肺有毛病，不能抽烟了。→我的肺有毛病，抽不了烟了。

1. 你写的太小了，我不能看清楚。

2. 虽然衣服很脏，但是，我能洗干净。

3. 你讲得太难了，我们听了以后不明白。

4. 我太累了,十层楼我不能走上去,我要坐电梯。

5. 现在买票,可能机票都卖完了。

6. 房间太小了,不能住十个人。

7. 你点的菜太多了,我们能吃完吗?

8. 爱情已经没了,还能找回来吗?

9. 一个星期不吃饭,能饿死吗?

10. 他的网球一直打得都很好。我不知道能不能打败他。

11. 现在才去,恐怕时间不够了。

12. 明天晚上我们有一个聚会,你能来吗?

13. 这么贵的房子,我可没有钱买。

四、填上合适的结果补语、趋向补语或可能补语

1. 几天后的一个晚上,我都睡了,小王打(　　)电话,说他热得睡(　　),邀请我一起去游泳。我穿(　　)衣服下了楼,看(　　)她和小王站在马路边等我,她在月光下格外动人。

2. 杜梅坐(　　)游泳池边看着我,好像这事是我干的,而她怎么也想(　　)我为什么要这么干。

3. 我再三喊,又喊杜梅,同样得(　　)回答。

4. 为什么呀?你为什么看(　　)她?我觉得她人挺好的。

5. 她有什么一个人办(　　)的或需要男人陪伴的事,比如接站、去交通不便的地方取东西,也会叫(　　)我。

6. 你要是觉得后悔,现在改还来(　　)。

7. "走啊。"我拉她,"你瞧你这人,还开(　　)玩笑了。"

8. 一句话没说(　　),她就流(　　)眼泪说:"我什么时候说过后悔了?"

9. 我掩饰着愉快的心情,坐(　　)看电视,看了两眼电视忍(　　)笑了,转脸对杜梅说:"我不应该对你的朋友们热情点吗?"

10. 我往屋里走，一阵风吹（　　），门帘忽然刮（　　），包（　　）了我的头，使我看（　　）像个蒙面大盗。

五、判断正误并改错

1. 十年以内，我打算回去澳大利亚看老朋友们。
2. 我们高高兴兴回了去家。
3. 我进去他的房间的时候，他和他的女朋友很幸福地看着我的眼睛，说："我们要结婚了。"
4. 学习累了，出去外边透透气，看看风景，轻松轻松吧。
5. 我应该进去旁边的那座大楼找一个空房间。
6. 我从来没想起来外国人说中文跟中国人一样。
7. 过了一会儿，全身就发痒起来。

六、趣味阅读

要求：注意趋向补语的用法。

要是滚下去怎么办？

你在中国旅行的时候，坐过火车吗？坐过卧铺吗？如果你第一次坐卧铺，而且你的铺位又在最上面的一层，我不知道你会怎么想！我想的是："天哪，要是滚下去怎么办？"

今年国庆节，我和同屋一起坐火车去上海旅行。这是我第一次坐卧铺，韩国的火车上没有卧铺。我的铺位是上铺，在最上面。走进车厢的时候，我觉得很好奇：上铺那么高，得从梯子上爬上去，可是上铺的空间又很小，在上面只能躺着，我怎么办？一直躺着吗？

就在我不知所措的时候，坐在下铺的中国人招呼我说："你可以坐下面，想休息的时候再上去。"于是，我和下铺的一家三口认识了。

我们愉快地聊起天来。他们是利用国庆节放长假的机会，回老家看看。他们的小女孩儿很可爱，很想跟我聊天，可是又很害羞。

小女孩儿给了我一些瓜子儿，我以前从来没吃过，不知道怎么吃。小女孩儿给我做示范：先用牙把瓜子咬开一个小口儿，再用手一捏，然后用舌头把瓜子儿一钩，瓜子儿就落到嘴里了。我试着嗑瓜子儿，可是动作很慢，一分钟只能吃一两个。看周围的中国人，他们的手、嘴、牙、舌头配合得那么熟练，大概一两秒钟就能嗑一个。我心里想："天哪，这简直和剥瓜子的机器一样！"

时间过得很快，一会儿几个小时就过去了，该熄灯睡觉了。我爬到上铺，可是，当我躺下来的时候，我突然紧张起来：睡在这摇摇晃晃的车厢里，要是滚下去怎么办？

（选自《北京大学 2001 年留学生汉语演讲比赛演讲稿汇编》，作者：〔韩〕姜珉廷，有改动）

第十五讲

状态补语

> 状态补语表示对动作的状态、程度、结果的描写或者评价。

一、状态补语

状态补语的基本形式是：
V/Adj.＋得＋Comp.（词、短语或小句）。如：

(1) 他高兴得很。/ 她比他年轻得多。（程度）

(2) 他高兴得跳起来。（程度＋结果）

(3) 天气冷得她不停地打哆嗦。（程度＋结果）

(4) 大家笑得喘不过气来。（结果＋程度）

(5) 他逗得大家都笑了。（结果＋程度）

(6) 他走得慢慢的。（状态描写）

(7) 他写得很认真。（状态评价）

状态补语的语义比较复杂，主要有以下几种：

1.补语是对动词或形容词所表示的动作或性质的评价或判断。如：

(1) 他跑得很快。
(2) 他打球打得很好。

2. 补语是对句子主语的评价、描写或陈述。补语有时与"得"前的谓语动词有因果关系，有时表示动词所代表的动作达到的程度。如：
(1) 孩子们玩儿得很高兴。
(2) 他被批评得直哭。

3. 补语是对宾语的描写或陈述，或动作的结果。如：
(1) 他把我撞得腿都肿了。
(2) 他写字写得很漂亮。
(3) 爸爸把他骂得大哭起来。

注意：

1. 状态补语前的动词必须是单个动词，不能附带其他成分，且不能重叠，动词后、"得"前也不能加别的词。

2. 如果又有状态补语，又有宾语，常见的句型是：
S+（V+）O+V+得+Comp.。如：

(1) 他看书看得很认真。
(2) 他字写得很好看，可是音发得不准。

二、结果补语与状态补语

结果补语可以表示动作后的结果，状态补语也可以用来表示动作的结果，但是，它们的用法是不同的。

首先，结果补语只能是单个的动词或形容词，它能表示的动作的结果比较简单；状态补语可以是词，也可以是小句，它可以表达非常丰富的意义。如：

(1) 我跑累了。（结果补语）
(2) 我跑得很累。（状态补语）
(3) 我跑得上气不接下气。（状态补语）
(4) 我跑得腿疼。（状态补语）
(5) 我跑得汗流满面。（状态补语）

另外，结果补语强调的是动态的动作及动作后的结果，而状态补语强调的是静态的描写。如：

(1) 经过练习，他终于能跑快了。（结果补语）
(2) 他现在跑得很快，恐怕你追不上他了。（状态补语）

三、状语与补语

1. 状语多表示句子主语的主观意志，补语表达的句子主语的意愿性相对较弱。如：

(1) 因为不愿意见他，我晚去了一个小时。
　　路上堵车，我去晚了一个小时。
(2) 我要晚睡一会儿，你先睡吧。
　　昨天晚上准备今天的考试，睡晚了，现在有点儿头疼。

2. 状语多是描述动作当时的，暂时的状态、方式，主语的神情、表情、心理、态度及对主语的评价。补语则多是说明、评价动作以后的状态。如：

(1) 快跑，快跑，老虎来了。（状语）
(2) A：他听到这个消息后怎么样？
　　B：他高兴地跳起来了。（状语）
(3) 看你，又摔倒了，你不能慢慢地走啊？（状语）

(4) 我们快吃，快来不及了。（状语）

(5) A：你为什么不和他一起走？

　　B：他走得太慢了，我着急。（补语）

(6) A：那是什么字？

　　B：看不清楚。写得很乱。（补语）

(7) 我不能吃得太快，吃得太快肚子会不舒服。（补语）

(8) A：他听到这个消息高兴吗？

　　B：高兴。高兴得都跳起来了。（补语）

3. 语法上，状语可以和"在""了"一起用，状态补语不可以。如：

(1) 他在慢慢地走。　　　→　*他在走得慢慢的。

(2) 他昨天慢慢地走回了家。→　他昨天走得慢慢的。

综 合 练 习

一、用状态补语完成句子（每个句子至少要有四个答案）

　　1. 他跑得 _____。

　　2. 他笑得 _____。

　　3. 他忙得 _____。

　　4. 他疼得 _____。

　　5. 天气冷得 _____。

　　6. 东西便宜得 _____。

二、改写下列句子

例：他打扫房间。房间干干净净的。
　　→他把房间打扫得干干净净的。

1. 他头疼。　他什么也不能做。
2. 他哭了。　眼睛都肿了。
3. 他很担心。他饭也吃不下，觉也睡不着。
4. 他非常饿。他头昏眼花。
5. 他开车。　车太快了。
6. 老师讲课。嗓子都哑了。
7. 他跑步。　他腿疼。
8. 他上网。　他没有时间好好学习。

三、翻译下列句子

1. Jo began to dance with joy. Amy nearly fell out of the window in her surprise.
2. Jo's heart stands still with fear.
3. Beth did look, and turned white with delight.
4. I'm exhausted from running.
5. She is good at singing.
6. He was so glad that he jumped up.
7. She cried so much that everyone felt sad.
8. She sings well.
9. I have made it very clear.
10. The weather is terribly cold.
11. The book is well-written.
12. The dog is well-painted.

四、判断正误并改错

1. 他跑了得很快。
2. 他吃完得很快。
3. 去年夏天我游泳得多。
4. 他看看得很高兴。
5. 他说和唱得很高兴。
6. 他又喊又叫得很激动。
7. 他很高兴得跳起来。
8. 他正在说得高兴。
9. 他慢慢地跑,简直是走不是跑。
10. 年轻的时候,应该看书看得很多。
11. 你的病刚好,一定要休息得好好的。
12. 我们晚上七点在美国式饭馆吃得很地道的牛排。
13. 这个地方很美丽,有宫殿和湖泊等等,它们做都非常棒。
14. 我的家离学校很远,每天早上,要比别人起很早。
15. 我是在妈妈的鼓励下开始学习中文的,开始的时候,我学了很不好。

五、填上适当的补语

有一天,我在家里观看世界杯足球比赛。正当比赛进入高潮的时候,忽然接(　　)老婆的电话:"要下雨了,你去菜市场买点菜回来!"可是,一回(　　)电视机前,我就把买菜的事忘得(　　)了。

比赛结束,都快六点了。我走(　　)厨房,发现什么菜都没有,这才想(　　)老婆交给我的任务。可这么晚了,菜市场早关门了。怎么办?我赶忙从冰箱里拿(　　)昨天买的西瓜。切(　　)一看,还算不错,皮挺厚。我迅速地把瓜瓤和瓜皮分(　　),做(　　)了一大锅西瓜丸子汤。

开饭时，儿子问："爸爸，今晚怎么就一个汤啊？"我解释说："天冷，多喝点汤暖和。"老婆倒是对晚饭很满意。

饭后，我给他们端（　　）一盘西瓜。老婆夸道："今天你的服务很周到嘛！连瓜皮都帮我们削（　　）了。对了，瓜皮在哪儿？我想用来擦擦脸美美容。"天哪！她还要找瓜皮啊！我无奈地指了指空了的汤盆，说："你今天已经够美的了，因为它们早被你吃（　　）了。"

第十六讲

把字句和被字句

> 把字句和被字句主要是用来调整句子的信息结构的，使用时要注意它们的语境和句法条件。

一、把字句

把字句的基本结构是：S+ 把 O+VP。如：

(1) 小王把你的苹果吃了。
(2) 他把护照弄丢了。

我们知道，汉语句子的一般语序是 SVO，可是，在把字句里，宾语却跑到动词的前面去了。我们完全可以说"小王吃了你的苹果"，为什么还要有"小王把你的苹果吃了"这样的句子呢？这要从句子的信息结构说起。

在日常交际中，说话人和听话人会就一些共同知道的话题互相交换有关的新信息。比如"小王吃了你的苹果"，在这个句子中，"小王"一定是说话人和听话人都知道的一个人，否则，听话人一定会觉得莫名其妙："小王是谁？"而"吃了你的苹果"却可能是听话人不知道的，或者说话人以为听话人不知道，因此，说话人要告诉他这件事情。也就是说，如果把句子看作是一个信息结构，那么，在汉语中，说话人一般先说旧信息（"小王"），再说新信息（"吃了你的苹果"）。

如果"你的苹果"是说话人和听话人都已经知道的信息，而听话人更想知道"苹果怎么了"，说话人就可以用把字句来满足这个需要。看下面的对话：

大卫：奇怪，我的苹果怎么不见了？
马里：小王把你的苹果吃了。
大卫：什么？

在这个对话中，大卫想知道"苹果怎么了"，"苹果"成为一个说话人和听话人都知道的旧信息，所以，在句子中最好放到前面，我们就可以用把字句来解决这个问题。再如：

(1) 我昨天买了一本书，今天我就把它送给别人了。
(2) 你把这个盘子放到桌子上，好吗？

SVO 句要表达的是 S 做了什么动作，而 "S+ 把 O+VP" 句表达的是 O 受到了 S 的处置后，具有什么样的状态或结果。

注意：
1. 把字句中，O 一般是确指的。
2. 在把字句中，动词不能是单个的动词，一定要附带其他的成分。

把字句常见句型

	句型	例句
只能用把字句	S＋把＋N1＋V 在/到/向…＋N2（地方）	他把书放在桌子上。
	S＋把＋N1＋V 成/作＋N2	我们把英文翻译成中文。
	S＋把＋N＋V＋得＋状态补语	他把房间打扫得干干净净的。
可用SVO句型替换	S＋把＋N＋V＋趋向补语	他把书拿进宿舍来了。
	S＋把＋N＋V＋结果补语	他把房间打扫干净了。 你把我急死了。
	S＋把＋N＋V＋时量词/动量词	他把我关了一个小时。 你把事情的经过说一下。
	S＋把＋N1＋V（一/了）V	请你把情况谈一谈。
	S＋把＋N1＋V 了/着	他把这件事忘了。
	S＋把＋N1＋V＋N2	他把好消息告诉我了。
	S＋把＋N＋AV	他把东西乱扔。 他把钱往衣袋里塞。
	S＋把＋N＋一 V	他把手一挥,站了起来。

3. 如果句子中还有状语,如"不、没、就、才、急忙"等,一般应当放在"把"的前面。如:

(1) 你不把他叫进来,你也别进来。
(2) 他让我叫他,我就把他叫来了。
(3) 他突然吐血了,我们急忙把他送到了医院。

注意:
如果状语主要是描写句子主语的,如主语的态度或表情等,状语要放在"把"前;如果状语主要是描写动作的,则一般放在"把"后。如:

(1) 他笑着把门打开了。→﹡他把门笑着打开了。
(2) 他烦躁地把东西堆在那里。

他把东西乱七八糟地堆在那里。

4. 下面的动词不能用在把字句里：
(1) 不及物动词。如：

  游泳　见面　休息　站　躺　跪　趴

(2) 表判断、状态的动词。如：

  是　有　在　像　姓　属于　存在　等于

(3) 情态助动词。如：

  能　可能　应该　得　要　肯　愿意

(4) 心理活动动词。如：

  喜欢　生气　害怕　讨厌　担心　怀疑　相信

(5) 认知动词。如：

  知道　同意　觉得　感到　明白　懂得　记得　希望　要求　看见　听见

二、被字句

被字句的基本结构是：O+被 S+VP。如：

(1) 苹果被小王吃了。
(2) 护照被他弄丢了。

和把字句一样，被字句中，动词一般也不能是单个动词，必须带有一些其他的成分。把字句的常用句型，一般都可以变换为被字句。

如果不确定 S 是谁，或者没有必要说清楚，可以用"人"来代替 S。如：

(1) 自行车被人偷走了。

(2) 这孩子在学校老受欺负,今天又被人打了。

(3) 被人需要是一种幸福。

也可以直接把"被"放在动词的前面。如:

(1) 自行车又被偷走了。

(2) 倒霉,今天又被训了一顿。

(3) 孩子落水四个小时以后才被救起。

注意:

1. 被字句中,O 一般是确指的。

2. 如果句子中还有状语,如"不、没、就、才、急忙"等,一般应当放在"被"的前面。如:

(1) 大家没被雨淋湿。

(2) 他刚被送进了医院。

3. 下面的动词一般不能用在"被"字句里。如:

(1) 不及物动词。如:

　　游泳　见面　休息　站　躺　跪　趴

(2) 表判断、状态的动词。如:

　　是　有　在　像　姓　属于　存在　等于

(3) 情态助动词。如:

　　能　可能　应该　得　要　肯　愿意

(4) 心理活动动词。如：

生气　害怕

(5) 认知动词。如：

觉得　感到　感觉　懂得　明白　希望

4. "被"也可以换成"叫/让"，但是，在"O+叫/让+S+VP"句中，S一定不能省去。如：

(1) 车叫他弄坏了，不能开了。
(2) 他叫老板骗了。
(3) 那本书叫人借走了，你下个月再来吧。
(4) 孩子让老师批评哭了。

5. 不是所有的O在前面的句子都要用"被"。如：

(1) 飞机票买好了。
(2) 行李收拾完了。
(3) 花放在桌子上。
(4) 作业我做完了。

这样的句子，我们可以叫它们意义上的被动句。那什么时候要用"被"，什么时候可以不用？

如果O也有可能做出V的动作，一定要用"被"。如：

(1) 他被打得哭起来。
(2) 他被免去了董事长的职务。

如果O不可能做出V的动作，一般不用"被"。如：

（1）信写好了，已经寄出去了。

（2）这盘菜吃完了，你把盘子拿走吧。

6. "得到、遭到、受到"等动词用于被动，一定不加"被"。如：

（1）妹妹得到老师的表扬。

（2）弟弟遭到爸爸的批评。

（3）他的建议受到大家的重视。

7. 口语中，用"被"的句子多表示不愉快或受损害的情况。如：

（1）我被撞伤了。

（2）杯子被打碎了。

（3）他被老师批评了一顿。

综 合 练 习

一、用"把"和"被"改写下面的句子

1. 我弟弟打碎了一个杯子。

2. 小偷偷走了他的自行车。

3. 小王找到了我丢失的铅笔。

4. 我放了一本书在桌子上。

5. 我寄给了她一封信。

6. 他带回家一只小猫。

7. 老师批评了他一个小时。

二、用把字句回答问题

1. 你的作业做错了，老师可能对你说什么？（请你……）

2. 你的自行车坏了，你怎么办？（我得找人……）

3. 你有一封信想请 A 交给 B，你怎么对 A 说？（请你……）

4. 你在停车场，一楼没有车位了，管理员要你去二楼，他可能怎么说？（你可以……）

5. 你马上要回国了，你怎么处理你的东西？（我要……）

6. 你要去旅行，你的证件和钱怎么样才不会丢？（我应该……）

7. 你的房间进了水，地上有很多书，你怎么办？（我得……）

8. 你去银行换钱，怎么对银行的人说？（麻烦你帮我……）

9. 你朋友的房间比以前干净多了，他可能刚打扫完房间，你觉得很惊讶，你可能对他说什么？（你今天怎么……）

10. 上课时，老师发现你的书不在桌子上，他可能对你说什么？（请你……）

11. 如果你摸乌龟的头，它会怎么样？（它会……）

12. 你买东西的时候，本来想说"买"，但是说成了"卖"。回来以后你怎么告诉朋友？（我今天……）

13. 如果你偷妈妈的钱包，妈妈可能会怎么样？（她可能会……）

14. 第一次过海关，你不知道怎么做。海关人员可能对你说什么？（请你……）

15. 老板今天给你很多工作，你非常累，晚上回家，你可能对妻子说什么？（老板今天快……）

三、判断正误并改错

1. 孩子放了杯子在桌子上。

2. 爸爸把茶壶放下桌子上。

3. 我房子里的书比较多，所以把书收拾是最麻烦的。

4. 你把这五条裤子整齐地叠。

5. 孩子把爸爸给他的热水高高兴兴地喝了。
6. 爸爸终于发现小孩子把桌子、桌布、杯子和咖啡壶都坏了。
7. 孩子把帽子上去的时候，杯子不见了。
8. 咖啡壶掉到地上了，把地上洒了咖啡。
9. 孩子一边说明一边一个杯子放在桌子上。
10. 这件事把他爸爸发脾气了。
11. 我把一个锯子安安静静地锯桌子。
12. 小孩儿被爸爸批评。
13. 爸爸被孩子失望了。
14. 那个杯子被小孩儿碎了。
15. 小树被大风没刮倒。
16. 我被他几乎打死了。

四、写作

请介绍一个菜的做法。

要求：注意"把"字句的用法。

五、看图说话

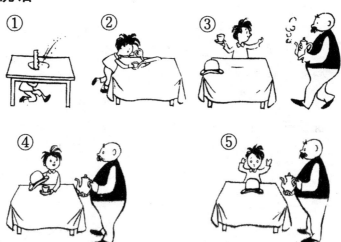

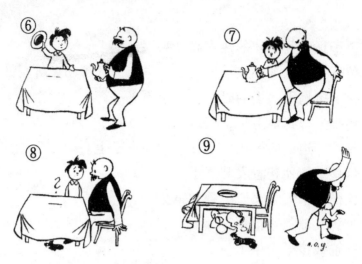

"看我变魔术"

(选自《父与子》,埃·奥·卜劳恩绘、杨莹译,中国工人出版社)

[范文]

　　有个小孩儿,他每天都觉得无聊得要命。有一天,他决定跟爸爸开个玩笑,让爸爸高兴高兴。为了达到这个目的,他想出了一个好办法。

　　他把桌子锯了一个洞,锯完以后,他把一块桌布蒙在桌子上。然后,他用剪刀把桌布剪了一条缝。

　　喝咖啡的时间到了,他爸爸拿着咖啡壶走来了。孩子高高兴兴地站在桌子旁边等着爸爸过来。他让爸爸看他变魔术。他一只手拿着咖啡杯,然后把它放在桌子上,另一只手拿着一顶帽子,然后把它扣在杯子上。过了一会儿,他把帽子拿起来。爸爸惊讶地发现那个咖啡杯不见了。爸爸觉得很有意思,他一边坐下,一边把咖啡壶放在桌子上。结果他吃惊地发现咖啡壶也不见了。但是,很快爸爸就发现,杯子和咖啡壶都在桌子底下,都已经摔坏了。所以,爸爸很生气,把孩子打了一顿。

(作者:〔西班牙〕阿龙西门,有改动)

第十七讲

语气助词

> 语气助词是汉语口语中使用频率非常高的一类词，要学会说地道的汉语，就应该学会使用语气助词。

语气助词的主要作用是表达说话人对语句内容的信疑态度，以及说话人对听话人的态度。常见的语气助词主要有：

吗 呢 吧 啊 嘛 呗

(1) 你快走啊。（我告诉你你应该走，也要求你走）
(2) 你快走嘛。（按照情理你应该走，但我不强求，只是劝求）
(3) 你快走吧。（我想你应该走，但走不走你自己决定）
(4) 你快走呗。（你走不走我无所谓，我只是建议一下而已）

另外，语气助词的使用与礼貌有非常密切的关系。祈使句中，"啊"与"嘛"都含有对听话人面子的威胁（face-threatening）；"呗"表达的是说话人对听话人的态度太轻慢；"吧"却可以使祈使的语气和缓，因此，它在祈使句中的使用频率相当高。

一、疑问句与"吗""吧""呢""啊"

　　语气助词"吗""吧""呢""啊"都可以用在疑问句中。"吗""吧"主要用在是非疑问句（yes-no question）中。如：

　　(1) 你是中国人吗？
　　(2) 你是中国人吧？

　　用"吗"时，只是一个单纯的询问。用"吧"时，说话人自己已经做出了一个判断，但是，他还想得到听话人的确认，常和"不可能、不会、该、也算是、总、大概"等词语一起出现。

　　用"呢"的疑问句中，要有疑问代词（谁、哪儿、哪、什么、怎么、为什么等）或动词、形容词肯定否定连用形式。如：

　　(1) 你是哪国人呢？
　　(2) 谁是中国人呢？
　　(3) 你叫什么名字呢？
　　(4) 你会不会说汉语呢？
　　(5) 汉语难不难呢？

　　"呢"的使用并不是必需的。如果说话人使用了"呢"，就表明说话人对问题的答案非常感兴趣。

　　"啊"可以用在所有的疑问句中。如：

　　(1) 你是中国人啊？
　　(2) 你是哪国人啊？
　　(3) 谁是中国人啊？
　　(4) 你叫什么名字啊？
　　(5) 你会不会说汉语啊？

　　在是非问句中，"啊"常常用于说话人刚刚得知某个信息，他很惊讶，所以再次发问确认。

一般来说，说话人只有在和听话人关系比较亲密的情况下，才会在疑问句中使用"啊"。"啊"可以帮助说话人建立起和听话人之间的亲密感，有一种轻松、随便、和缓的气氛。

二、感叹句与"啊"

常见的语气助词里，只有"啊"可以用在感叹句中。现代汉语常见的感叹句有如下一些：

常见的感叹句类型

多 Adj. 啊！	（1）以后啊，可得注意点儿。这社会多复杂啊！ （2）你听,他讲得多精彩啊！ （3）这个菜多好吃啊,你怎么不吃？
真 Adj. 啊！	做个诚实的人真难啊！
好 Adj. 啊！	我的命好苦,好苦啊！我给你们几个做饭好累,好累啊！
太 Adj. 了/啦！	这社会也太复杂了！
可 Adj. 了/啦！	现在骗子可多啦！你得小心。
这么/那么 Adj. 啊！	这么大啊！
好一＋量词＋NP(啊)！	好一片北国风光(啊)！
(你)这＋NP(啊)！	你这无耻的文人(啊)！
这/那＋量词＋NP(啊)！	（1）这场雨(啊)！ （2）那个人(啊)！
多(么)＋Adj. 的＋NP(啊)！	多(么)好的学生(啊)！

三、祈使句与"吧""啊""嘛""呗"

"吧"用在祈使句中可以使祈使的语气和缓，比较有礼貌，因此，在祈使句中的使用频率最高，多用在请求、商量、建议等语境中。如：

（1）竹，嫁给我吧。

(2) 行，你就看着办吧。

(3) 你自己说去吧。

(4) 没不让你睡，你去睡你的吧，瞧你困得那样儿。

(5) 你不理我是不是？行，你就等着瞧吧。

"啊"用在祈使句中，表示说话人明确要求听话人执行自己的请求或命令，说话人态度比较强硬，多用于警告、威胁、催促、命令等语境中，多用在关系比较亲密的人之间。如：

(1) 他警惕地说："你别拿我当傻子啊"。

(2) 他瞪大眼睛说："你不要瞎说啊。"

(3) 我走了几步又掉头回来，对贾玲说："保密啊。"

(4) 上车啊，怎么不上？

(5) 我不在，你好好的啊。

"嘛"用在祈使句中，表示说话人是从客观情理角度发出请求或命令，并且暗示听话人按理应当执行，有劝求义，态度比"啊"要弱一些，大都有后续语句以说明理由或陈述情况。如：

(1) 别那么傲慢嘛，他看上你也不是什么坏事。

(2) 你不要自卑感、虚荣心那么强嘛，很明显她对你有好感的。

(3) 不要这样嘛，有什么意见可以提。

(4) 有理应该理直气壮嘛。

(5) 过节了，可以喝一点嘛。

另外，"嘛"一般也用在关系比较亲密的人之间。如果说话人对听话人来说，地位比较低，或者不具有权威性，如孩子和父母之间、恋人之间等，往往就带有撒娇的意思。如：

(1) 妈妈，我想吃雪糕，你给我买嘛，给我买嘛。
(2) 她摇着他的胳膊，撒娇地说："去看电影嘛，去看电影嘛。"

"呗"用在祈使句中，表示说话人漫不经心地发出建议或请求，但是这个建议或请求在说话人看来是一种唯一可能的选择，因此，在语境中也可能产生"无可奈何"的语境意义。

可以用于以下几种情况：

（一）说话人对听话人发出建议或请求

(1) 赵国民问："让我干什么去？"
 黄小凤说："<u>这你还不明白，这事哪有坐家里等着的，过去活动活动呗</u>。"
(2) "我问你，如果将这些钱分了，你打算怎么处理？"
 小胡不假思索地说："<u>这还用说，把它卖了呗</u>。"
(3) 小姚对小齐说："你跟你们单位的领导讲一讲吧！"
 小齐明知故问："讲什么呀？"
 小姚说："讲讲咱们的实际困难呗！"

（二）说话人顺应听话人的主观意愿而发出的祈使

(1) 我放下书露出脸，"你想看演出你就去呗，非拉上我干吗？"
(2) "你喝啤酒吗？"何钦又问。
 "<u>想喝你就喝呗，还用我批准</u>？"
(3) "喂，我可以到别的屋子去看看吗？"他问。
 "你看呗。哦，对不起，我要去一下厕所，你自己去看吧。"
 小姑娘很有礼貌。

(三) 说话人向听话人建议双方共同做某事

(1) 佳莹，市里有不少大商场的衣服都要换季打折了。这个周日咱俩上街去看看呗。
(2) 我等几个人笑着从我和冯严身旁走下山坡时，指着身后说："我们到那边去说说话呗。"
(3) 他说："换了我的沙发，你坐着舒服，我也能挣点儿钱，我们都好。"关山林想想也是，说："那就换呗。"

用"呗"的句中还往往有"就行了""就得了""就可以"等词语。如：

(1) 学成，你怎么说这么难听的话呀？你要是不愿意，以后我不去跳<u>就是了</u>呗。
(2) 你直接告诉他<u>就行了</u>呗，不必不好意思。

另外，"呗"还表示虽然说话人发出了一个命令或建议，但是，他不要求听话人做出某种确切的反应，说话人的态度比较轻慢。因此，如果用在关系不太亲密的人之间时，就有一种漠不关心的感觉。如：

(1) 健一有工作上的事要跟他商量，他总是<u>那一句冷冰冰</u>的话："你看着办呗！你不是总经理吗？"
(2) 他不耐烦地说："上船补票呗。能有什么办法？"

四、陈述句与"呢""嘛""呗""啊""吧"

(一) "呢"

表示说话人对听话人的已有知识状态或具有的行为做出挑战或进行否定，向听话人指明某一事实。主要用于以下语境中：

1. 辩驳或纠正听话人。如：

(1) 跟你没关系，骂我呢。
(2) "噢，"司徒聪笑着说，"我跟你说着玩呢，你当真了。"
(3) 我跟你说话呢，你听见没有？
(4) 她们那都是故意夸你呢，你还当真了？

注意：

以下两个句式专门用于辩驳：

才……呢：常常用于辩驳，是对事实真相的说明。如：

(1) 我才没有写过什么诗呢。
(2) 我才没急呢，我也没输——10：7！
(3) 我才不想认识你们那些坏小孩儿呢。
(4) 你没见过她平时的样儿，那才疯呢。

还 NP 呢：用于不满，根据一般情理，NP 应当具有某种特征，可是事实上主语却不具备 NP 的这种特征。如：

(1) 还大学生呢，连这点事儿都不懂。
(2) 还是丈夫呢，还说爱我呢，其实都是假的。
(3) 还朋友呢，关键时刻什么忙也不帮。

2. 提供对原因的说明。如：

(1) 你别生我的气，我心里矛盾着呢。
(2) 摆出来就吃吧，吃完了大家还得谈正事呢。

3. 发现某个事实。如：

(1) 我发觉我中了她的计。我都忘了，我还没有工作呢。
(2) 我进门儿一看，牛大姐还没走呢。

4. 提醒听话人一个事实。如：

(1) 我收到你的信，哭了好几天呢。
(2) 过去我还从没有，很少挨这么厉害的批评呢。
(3) 这鱼还新鲜呢，你就买一条吧。

（二）"嘛"
说话人从客观情理的角度做出断言。主要用于以下语境：
1. 为论断提供理由。如：

(1) 譬如说胖子吧，一般爱买大手绢，胖子鼻涕多嘛，瘦子就买小一点的。
(2) 我和她对视一会儿，承认："那倒也是，炎黄子孙嘛。"

2. 做反驳性的辩解。如：

(1) 我说不会一样嘛，我们明水历来都是慷慨大方的。
(2) 本来嘛，我这是实事求是，你也含糊了吧？
(3) 我不过就是说你几句嘛，你爱听不听，可你偏要跟我顶嘴。

3. 意料中，事实确凿。如：

(1) 冯小刚跨进屋里，笑着对于观说："哦，人来得很齐嘛。"
(2) 看，怎么样？画得不错嘛。

（三）呗
说话人认为自己所说的话（所做的断言）是唯一的可能，而且说话人主观上认为那是听话人或大家都应当知道的，他只是将这种可能性说出来了而已；同时，说话人没有经过积极思考，轻率发话。

1. 说话人对听话人的询问做出回答。如：

(1) "你绝对猜不出她是什么样子！"
"<u>女作家能是什么样子</u>，老太婆呗。"
这不仅是倪巴的想法，而且是包括林森森在内的所有八百栋的人的想法，女作家和老太婆在人们的心中是同义词。

(2) "为啥突然不想去了呢？"
秀秀从地下站起来，使劲一跺脚，说："啥也不为，就是不想去了呗。"

(3) 妈接过话筒对我说："你猜我是谁？"我笑了，心想，<u>这还用得着猜</u>。"你是我妈呗。"

2. 说话人为某个论断提供解释或理由。如：

(1) "你怎么没出去呀？我看你爸你妈一大早就出去了，你妈打扮得跟花蝴蝶似的。"
"他们去逛大街买东西，叫我去我没去。我不爱跟他们一起上街，我妈买东西，那挑那磨蹭，还不够烦的呢。"
"女人呗，你长大了没准儿也那样。"

(2) "她被你们骂哭了。"吴迪看看我们说，"正在座位上哭呢。"
"你替我们跟她道个歉吧。"我说，"我们可不是成心想得罪她。她是你的好朋友吗？"
"还可以，同学呗，也不是什么特别好的朋友。"

(四) 啊

说话人对自己的话非常确信，无论听话人知情与否，他都以明确告知听话人的态度讲话，并要求听话人认同或接受。主要用在以下语境中：

1. 疑惑—澄清。如：

   A：你干什么啊？这么用功，想考第一啊？
   B：不是，我一点儿都没复习啊！你不知道啊？

2. 批评—辩护。如：

   A：教育办成这个样子，简直让人心痛。
   B：家长不配合，社会风气也不好啊！不能只怪教育部门。

3. 断言—挑战。如：

   A：男人婚后不变啊，那才叫奇迹呢！
   B：可是，你们家小王就没什么变化啊！

4. 断言—认同。如：

   A：心情不好，不想回家。
   B：我也是啊！

5. 请求—不顺从。如：

   A：来，你过来帮个忙。
   B：不行啊！我这儿也忙着呢。

6. 请求—顺从。如：

   A：哟，你变得这么大方啊？那我要吃西餐啦。
   B：没问题啊！咱们今天就吃西餐。

(五) 吧

用在陈述句中时，意义与用于疑问句中差不多，只是说话人信大

于疑,并带有推测的意思。如:

(1) 你昨天晚上来过?不可能吧,昨晚下那么大的雨。
(2) 算是告诉他了吧,你别管了。
(3) 我觉得这事应该是大家都知道的吧。

五、语气助词的其他用法

(一) A就A吧/呗

表示没关系、不要紧。如:

(1) 行啦行啦,陈涛,你还是听听我的劝吧!嘴长在她身上,她<u>愿意怎么说就怎么说呗</u>,她把你说成啥样你就是啥样了?
(2) 他先笑了,情不自禁地叫道:"妈,我回来了!"
"<u>回来就回来呗</u>,也不用我请你呀。"母亲没回头,漫不经心地说。德强一怔,不知道是怎么回事。
(3) "你还买菜,小媳妇似的。"我见了她后笑着对她说。
"<u>小媳妇就小媳妇呗</u>,不买菜吃什么呢?"她把西红柿放到秤盘上,售货员又故意拿了几个坏的搁上去,翻着白眼说:"这儿卖的西红柿不许挑。"
(4) 小姑娘说:"约就约吧,什么地方好我也不知道,干脆去泰山怎么样?"
(5) 是没什么了不起,吹就吹吧。好女孩儿有的是。
(6) 你觉得怎么好就怎么过吧。

(二) 语气助词"呢""啊""嘛""吧"用在句中

1. "呢"用于对举式话题停顿,提请听话人注意,以引起听话人探索的兴趣。如:

(1) 你表现得像个无赖，而阿眉呢，也做得不好，像个资产阶级小姐。

(2) 她怎么死的，与我无关，我得值班去，你呢，留神她的鬼魂吧。

(3) 实际上呢，您欢乐，那也是与民同乐；忧愁呢，更是先天下之忧而忧。

(4) 其实呢，我也不太明白。

2. "啊"用于传达式话题停顿，明确告知听话人下面要说出与该话题有关的信息，并希望对方倾听、认同。如：

(1) 不能说老师没做好，但年轻人啊就是得理不让人。他这时开始变得无礼，继续在座位上大声说："老师你错了，这用不着下课后再交换看法，我现在就可以给你看《新华字典》，那字念'恬'而不是'刮'。"

(2) 苗条温柔的姑娘啊，是小伙子的好配偶。

(3) 这个饭店里头啊，有很多好吃的，你们去吧。

3. "嘛"表示话题理所当然具有或应当具有后面将说明的特征。如：

(1) 描写水兵生活的嘛，基本还是空白。

(2) 没办法，学校嘛，就是这样儿，一批学生毕业走了，又来一批。

(3) 小姑娘嘛，十八无丑女。

4. "吧"用于暂顿话题后，语气较和缓，标记说话人对即将表述的内容心存犹疑。如：

(1) 我吧，是个厨师，我热爱我的工作，可我从小就有个理想，一直没实现，而且现在越来越不可能实现了。
(2) 我从小吧，就特羡慕革命烈士，江姐啊，赵一曼啊，当然还有洪常青。
(3) 我觉得吧，他从骨子里瞧不起这个工作，认为低人一等。
(4) 像我们这种职业吧，就是和人打交道，每天都得和几千人说话，我就观察这几千人的特点。

(三) 语气助词"吧""啊"用于举例格式

(1) 咱们还是拿牲口打比方吧，你可以把牛啊马啊那些大牲口放出去不管，你能把鸡也赶上山去任其发展吗？
(2) 譬如说胖子吧，一般爱买大手绢，胖子鼻涕多嘛，瘦子就买小一点的。
(3) A：爸爸年轻的时候太糊涂了，所以到现在还在到处找女儿。
    B：爸，这也要有本事啊！像现在这个社会，像你这样"勇"的大男人啊，可真不多了。

(四) 语气助词"呢""吧"用于假设小句末尾

(1) 他<u>要有良心呢</u>，等你老得不能动了，能常来看看你，说几句闲话。他<u>要没良心呢</u>，你就当没养过这么个东西。
(2) 她小声教育我："<u>我要让着你呢</u>，你一时痛快，可将来就会恨我一辈子，就该说当初是我害了你。"
(3) 我也为难，<u>让她老在梦里吧</u>，她老长不大；<u>叫醒她吧</u>，又怕她伤心；<u>等她慢慢自己醒呢</u>，又怕突然一睁眼吓坏了。

六、综合运用语气助词的例子

(1) A：可这事儿也太好了。好得都让人不敢相信了。现在还有这种好事儿，我真是头一次遇见。

B：对生活失去信心了吧。不相信这世界上还有好人了。这也难怪。这几年啊，人心都乱了。什么理想啊、信念啊、前途啊、高尚的情操啊，都没人信了。我不怪你们，年轻人嘛，容易动摇。这么着吧，你们回去再好好儿想想，前后左右都想到了，要是觉得有问题就算了。要是觉得可以干，信得过我呢，就按名片上的号码儿给我打个电话。我给你们几天时间考虑，好好儿想想，看看到底会损失什么。啊？

(2) 事情是这样，再有两个月就到六一儿童节了。孩子嘛，祖国的花朵，民族的希望，一年呢，就这么一个节，咱们当大人的，平时可以不管，快过节了，总得为孩子们办点儿实事儿，你说对吧？

一、用"吗、吧、啊、嘛、呢、呗、啦"填空

(一)

1. 他是学生（　　）？
2. 他大概是学生（　　）？
3. 你去过长城（　　）？
4. 谁愿意去（　　）？
5. 你去不去（　　）？
6. 你还像个学生（　　）？
7. 你不是吃过了（　　）？

8. 你难道不知道（　　）？

9. 他没来过北京，哪儿能到过天安门（　　）？

10. 他都不去，你又何必去（　　）？

11. 客人来了，怎么不倒茶（　　）？

12. 请大家帮帮忙（　　）！

13. 你快说（　　）！

14. 好，明天就去（　　）！

15. 小明，你可得努力（　　）！

16. 我唱得不好，你唱得才好（　　）！

17. 他唱得多好（　　）！

18. 王府井可热闹（　　）！你快去看看吧！

19. 他还会写诗（　　）！真行！

20. 这个问题（　　），你不必考虑太多。

21. 去（　　），太浪费时间；不去（　　），又太不礼貌。

22. 即使去（　　），也没多大意思。

23. 就拿做饭来说（　　），就有很多讲究。

24. 市场上，橘子（　　）、苹果（　　）、香蕉（　　），都很新鲜。

25. 我们都喜欢运动。他（　　），喜欢跑步；我（　　），喜欢游泳；她（　　），喜欢打球。

26. 去就去（　　），没关系。

27. 我说（　　），他不会来的。

28. 其实（　　），我也不大喜欢那个人。

（二）

玛丽：最近忙不忙（　　）？

安娜：可忙（　　）！

玛丽：忙什么（　　）？
安娜：写论文（　　）、考 HSK（　　）、上课（　　），忙死了。
　　　你挺悠闲的（　　）？
玛丽：才不是（　　）！我也忙得很，天天做实验。
安娜：是（　　）？今天晚上我们去看场电影（　　），休息休息。
玛丽：看电影（　　）？好看（　　）？
安娜：听说可好看（　　）！
玛丽：我不大喜欢看电影，还是去跳舞（　　）！
安娜：那好（　　）。这次就再听你一次。
玛丽：本来就应该听我的（　　）。我的主意多好（　　）！
安娜：别自我感觉良好了。我们什么时候去（　　）？
玛丽：晚饭后 7:30，行（　　）？
安娜：行（　　）。要化化妆（　　）？
玛丽：当然。漂漂亮亮地跳舞才有意思（　　）！

（三）

1. 我认识王眉的时候，她十三岁，我二十岁。那时，我正在海军服役，是一名炮手。她（　　），是个来姥姥家过暑假的初中学生。
2. A：那时候，你是海军，她是干什么的？
　 B：她（　　），是个来姥姥家过暑假的初中学生。
3. 你表现得像个无赖，而阿眉（　　），也做得不好，像个资产阶级小姐。
4. A：这里的房间都不太大，你就凑合着住一宿，好（　　）？
　 B：房间大（　　），我住；房间小（　　），我不住。
5. A：你明天上课时把这本书带给王平。
　 B：他要不来上课（　　）？
　 A：他要不来上课（　　），你就交给李三。

6. 就说马戏团那些狗（　　）猩猩（　　），哪个不像小孩儿似的？

二、判断正误并改错

1. 他为什么这么说吗？
2. 你去不去吗？
3. 我实在不知道怎么说呢。
4. 面包已经坏了，别吃吧。
5. 小朋友在桌子下边，用锯子在锯桌子呢。

三、趣味阅读

要求：注意语气助词的用法。

相声：起名字的艺术

甲：(对观众)我叫马三立。我给您介绍一下：这位叫王凤山。你这名字挺好听的。谁给取的？

乙：小时候啊……

甲："凤鸣岐山"嘛！"凤鸣岐山"。你这名字不错！

乙：对。您这名字也好。

甲：我这名字不好！马三立，太坏了。这名字，这名字太糟糕了。

乙：怎么？

甲：马三立，这马剩三条腿了，还凑合立着！（模仿）

乙：唉。还是个瘸马呢！起来！起来！

甲：你看，取名字有很大的学问啊！

乙：噢。

甲：小孩上学了，没学名儿，老师给取个名儿，"姓什么呀？""姓王。""王……王富贵。"王富贵,这不挺好嘛。

乙:哎!不错。

甲:如果姓吴,起名字就得小心了。

乙:是吗?

甲:对啊。吴有德?吴有才?吴长寿?一会儿就完!

乙:嗨!还真是。

甲:为什么商店、买卖人家的字号都叫"德"字儿"祥"字儿"福"字儿"成"字儿"顺"字儿?就为顾客叫着顺嘴儿,容易把它记住。

乙:噢。

甲:饭馆儿的字号也是这样呀。为什么取出来让你爱去呢?爱听它这名儿。"哪儿吃啊,几位?""同福楼!""同福楼"嘛,你几位吃去吧!同桌吃饭,大家有福,同福楼!

乙:唉。

甲:这个饭馆儿的字号它取出来,就是迎合客人的心理。您几位好什么,您喜欢什么,你到哪儿吃,饭馆儿等着你,字号取好了,你非去不可!

乙:有道理。

甲:这几位好喝酒,刚一商量就喝,"怎么样,喝点儿吧?""来吧,喝点儿吧。"这顿饭,哪儿吃?

乙:哪个饭馆儿?

甲:杏花村啊。太白楼啊。

乙:唔。

甲:"借问酒家何处有?牧童遥指杏花村。""太白斗酒诗百篇"。越喝越高兴。是不是?

乙:是啊,是啊。

甲:有几位在一块儿吃饭,谁也不请客,谁也不打扰人,不管吃多少钱，大伙儿平摊。这算什么饭？

乙：这叫 AA 制。

甲：哪儿吃？

乙：哪个饭馆儿？

甲：便（biàn）宜坊。又便（pián）宜，又便（biàn）宜，便宜坊。简简单单，随随便便，同桌儿吃饭，大伙儿出钱。

乙：唉。结婚会友，哪儿吃呀？

甲：悦宾楼。

乙：全家大小一起下馆子，哪儿吃？

甲：全聚德。全家聚在一块儿！老爷子六十大寿，去万寿厅。小孩儿满月，去大福临！搞对象，去会芳楼！俩人订婚，去同和居！！

乙：唉唉！同心合意，永远同居。多好！那结婚，哪儿吃？

甲：天合玉！天作之合，玉美良缘！

乙：好！离婚呢？

甲：吃包子呗！

乙：怎么？

甲：狗不理啊！

乙：嗨！

(选自中华相声网，马三立、王凤山演出本，有改动)

附录一

中级语法自测题

一、选词填空（Choose words to fill in the blanks，28%）

| 左右　前后　小时　时间　时候　以来　以后　明天　第二天 |

圣诞节（　　），商店里很忙。爸爸每天大概要工作十个（　　）。晚上回家的（　　），他总是累得连话都不想说。吃完晚饭（　　），九点（　　）就上床睡觉了。（　　）早上，我和妹妹还没起床，他就走了。那个（　　），他没有（　　）陪我和妹妹玩儿。

| 在　是　有　的　地　得 |

我的家（　　）北京东北边的一个小区里。那个小区很漂亮，也很方便：小区里（　　）商店、邮局、银行等等，北面还（　　）一个很大的超市；小区的中心（　　）一个花园。那个花园里有很多好玩儿（　　）东西，我们常常在那里玩儿（　　）忘了回家，等天已经黑了，我们才飞快（　　）跑回家。等着我们（　　）是爸爸妈妈（　　）批评和桌子上可口（　　）饭菜。

上 中 下

刚来中国的时候，我在生活（　　）、学习（　　）都有很多的问题。后来，在大家的帮助（　　），我渐渐习惯了在中国的生活。现在，虽然在学习（　　）还常常遇到问题，但是，我知道怎么解决了。

和 向 对 给

我（　　）你做饭，（　　）你聊天，对你多好啊，你怎么可以这样对我？你每次（　　）我吵架，我都非常生气。你不要再（　　）我发脾气了，你应该（　　）我道歉！

会 将 要

明天我有考试，今天我（　　）好好准备。如果我今天不学习的话，明天的考试我一定（　　）不及格的。那样的话，我（　　）不能毕业。

把 支 根 趟 条 双 副 对

1. 我昨天去了一（　　）商店，买了一（　　）手套，一（　　）太阳镜，还有一（　　）领带。
2. 那（　　）椅子上有一（　　）铅笔，是你的吗？
3. 我给你点（　　）烟，你把那（　　）花瓶送给我。

> 下来　下去　上来　上去　起来　过来　过去
> 回去　回来　进来　进去　出来　出去

1. 站（　　），你不能坐。
2. 你（　　）吧，别在外边站着了，这儿暖和一点儿。
3. 别怕，我们一起跑（　　），到外面就没问题了。
4. 现在已经九点了，爸爸妈妈一定着急了，我们（　　）吧。
5. 你敢不敢从二楼跳（　　）？我敢！
6. 太累了，我们坐（　　）休息一会儿吧。
7. 既然你已经做了，就继续做（　　）吧，别放弃。
8. 这么高兴的日子，大家一起唱（　　），跳（　　）吧。

> 见　成　到　好　完　着　住　走　掉　下

1. 好的，自行车现在我不用，你骑（　　）吧。
2. 我昨晚做了一个梦，梦（　　）了过去的老朋友。
3. 你快点儿，准备（　　）了我们就出发。
4. 怎么办？我睡不（　　）。你也别睡了，跟我聊会儿天儿吧。
5. 你先走吧，我看（　　）这个节目就去。
6. 昨天，我终于吃（　　）了北京烤鸭，太好吃了。
7. 我把你当（　　）最好的朋友，你怎么可以这样对我？
8. 这些东西已经坏了，扔（　　）吧。
9. 车开得太快了，你抓（　　）前面的把手。
10. 不行，你不能丢（　　）我不管。

二、组词成句 (Rearrange the following words to make sentences, 6%)

1. 我 中国 刚 来 的 时候 学 太极拳 了 半年

   _____

2. 以后 我 晚饭 吃 也 去 散步 了

   _____

3. 我们 这个 假期 去 旅行 上海 打算

   _____

4. 他们 正 里 房间 在 吃 饭 着 呢

   _____

5. 我 四个 小时 看书 看 了 累 快 死 了

   _____

6. 我 有 语法书 一本 给 留学生 的 看

   _____

三、改写句子 (Rewrite the sentences with the given patterns or grammar points, 15%)

1. 在那一个小时里,他一直在和朋友聊天儿。(S+V+时量词)

   _____

2. 我喜欢一边看电视一边吃饭。(着)

   _____

3. 他看小说的时候哭了。(V1 着 1V 着 V2)

   _____

4. 我很忙,在准备考试,不能陪你去酒吧。(V1 着 V2)

   _____

5. 他的心情不好，喝了一杯又喝一杯，不停地喝。(数量词＋数量词＋地＋V)

6. 今天来了很多客人，屋子里都满了。(一＋借用量词＋名词)

7. 他跑步，他累了。(结果补语)

8. 他跑步。他的腿很疼。(状态补语)

9. 字很大，很清楚，我们能看见。(可能补语)

10. 这篇文章是英文的。你帮忙翻译一下，我要看中文的。(把字句)

四、判断正误并改错 (True or false? Correct it if false, 51%)

1. 在我的大学在美国，中文和中国文学系很不好。
2. 我要来中国这个学期。
3. 我们过了五天在上海。
4. 他告诉我我们应该从北京到昆明坐火车去。
5. 1997年我一趟去过西安。
6. 我们换车好几次了。
7. 到洛杉矶以后，我们一天在那里休息了。
8. 我的家人住在西南的法国。
9. 我喜欢很贵的菜，可我也很喜欢很便宜的菜，可以在路买。
10. 小孩子们在操场打着网球。
11. 他床上坐着看北京电视台的节目。
12. 我现在住在的那家宾馆条件好极了。

13. 我喜欢看一个陌生的，但比我们近的国家。

14. 上海给了我留下很深刻的印象。

15. 沿窗户对面的墙放在还一张床。

16. 那个晚上我们四五个小时吃了晚饭。

17. 两个女孩儿在秋千坐聊着天儿。

18. 你正在说得太快了，我听不懂。

19. 我一直在房间等着等着朋友来接我。

20. 我去他家的时候，他正离开着家。

21. 突然一个朋友给他打了电话，问："你在哪里？"他回答了："我正在饭店里呢。"

22. 我们走路时，下着细雨了，所以，我们撑开着伞继续走。

23. 到教室以后，我发现了一个人也没有。

24. 他有困难，你应该和他帮帮忙。

25. 以前我不会说汉语，现在会说了。

26. 那个湖旁边有很多人散散步。

27. 大家一见面，就互相开玩笑起来。

28. 我喜欢一边听听音乐，一边做做作业。

29. 我看看了以后，马上就知道是怎么回事了。

30. 天空上雪雪白白的云，真好看。

31. 他是一个真努力的学生。

32. 孩子们安安静静坐着看书。

33. 每天都高兴高兴的，多好啊。

34. 他一点儿醉了，你扶他回家吧。

35. 别开玩笑了，我比他很胖。

36. 我现在住的那家宾馆条件太好极了。

37. 你看见我自行车了吗？

38. 你能给我们讲讲上海给你留下深刻的印象吗？

39. 他很好人，我们都喜欢他。
40. 如果你答应去的话，就我一起去。
41. 我的印象对中国非常好。
42. 学校里有一共三十个宿舍。
43. 我看见一棵树，也绿色的。
44. 我们高高兴兴地回去家了。
45. 你看，从那边跑过去一个人，你要和他打招呼吗？
46. 我是在妈妈的鼓励下开始学习中文的，开始的时候，我学了很不好。
47. 在电视节目里，可以看一场激烈的辩论正在进行着。
48. 过了一会儿，全身就发痒起来。
49. 我屋子里书比较多，所以，把书收拾是最麻烦的。
50. 你把这五条裤子整齐地叠。
51. 小树被大风没刮倒。

附录二

部分练习参考答案

第一讲　现代汉语语法的主要特点

综 合 练 习

一、组词成句

1. 我们班的同学在讨论汉语语法问题。
2. 他明天来我家。
3. 迟到的学生急忙跑进教室。
4. 我今天晚上八点跟朋友见面。
5. 我每天晚上听半个小时录音。
6. 我跟朋友一起去图书馆借书。
7. 走在前面的人是我的同学。
8. 衣服被他洗得干干净净的。
9. 她生气地把杯子扔在地上。
10. 我们在卡拉OK厅唱了三个小时歌。
11. 上个星期天从八点到十点我一直在家睡懒觉。
12. 我妹妹洗衣服洗得不干净。

二、选词填空

1. 的　的
2. 的
3. 的
4. 地
5. 得
6. 得
7. 得　的　地

三、判断正误并改错

1. 错。我在一家大公司工作。
2. 错。我问他美国的情况。
3. 错。1947 年 10 月，我的爸爸和我的妈妈结婚了。
4. 错。我和我的朋友见了两次面。
5. 错。他看了三个小时电视。
6. 错。我 1996 年大学毕业，第二年我就结婚了，现在我的孩子已经六岁了。
7. 错。北京大学的留学生有两千个左右。
8. 错。我睡觉以前，常常要看看书。
9. 错。我把书放在桌子上。
10. 错。一看见他，我就很生气。
11. 错。我一共和祖父见了五次面。
12. 错。他说从北京到昆明我们应该坐火车去。
13. 错。为了买到火车票，大家都得在火车站里等很长时间。
14. 错。我从华盛顿坐飞机去北京。
15. 错。我希望在这门课上提高中文水平。
16. 错。1999 年 9 月，我到巴黎旅行了。

17. 错。左边有一个电视,我常常跟朋友一起看。
18. 错。我也觉得它是一个舒适的小房间。
19. 错。我总去一块田里摘草莓。
20. 错。旅行是了解其他文化的很好的办法。
21. 错。我的三个朋友来看我。
22. 错。桌子都很脏。

五、你能不能想出一些语序不同,意思也不同的例子?
  喝多少买多少 vs 买多少喝多少
  小不点儿 vs 点不小
  吃好饭 vs 饭好吃
  鸡不吃了 vs 不吃鸡了

第二讲 时点和时量

判断正误并改错

1. 错。他回来的时候,我看电视看了四个小时了。
2. 错。他回来的时候,我看了四个小时电视了。
3. 对。
4. 错。我等了他一个小时,一个小时里我什么也没做。
5. 错。好好,你先等一等,我一会儿就来。

❓ 选词填空

> 时间　时候

1. 时间
2. 时间　时候
3. 时间
4. 时间
5. 时候
6. 时候
7. 时间 / 时候

❓ 选词填空

> 左右　前后

1. 左右
2. 前后
3. 左右 / 前后
4. 左右
5. 左右

? 选词填空

| 以前　以后　以来　以内 |

1. 以来
2. 以前
3. 以内
4. 以前
5. 以后
6. 以后
7. 以前／以后
8. 以后

? 选词填空

| 明天　第二天 |

1. 明天
2. 明天
3. 第二天
4. 第二天
5. 第二天

| 以后　后来　然后 |

1. 以后

2. 以后

3. 以后

4. 后来

5. 然后

6. 后来

7. 后来

综合练习

一、判断正误并改错

1. 错。你别着急，十分钟后他一定会来。

2. 错。你每天晚上睡多长时间（觉）?

3. 错。我 1980 年 11 月 5 号出生。

4. 错。我不是舍不得花钱，但是，我不想一天内把我的钱花完。

5. 错。下个学期我要来中国。

6. 错。又花了十一个小时，我们回去了。

7. 错。1997 年我去过一趟西安。

8. 错。在澳大利亚，我们每年一起出去四次。

9. 错。我们换了好几次车。

10. 错。到了宿舍，休息三十分钟以后，我们开始练习口语。

11. 错。我们爬了六个小时山。

12. 错。到洛杉矶以后，我们在那里休息一天。

13. 错。我们应该坐八个小时飞机。

14. 错。我寒假去云南旅游了一个星期。

15. 错。我们开车去有名的地方访问了两个星期。

16. 错。从天津到西安要 15 个小时左右。

17. 错。我们在上海过了五天。

18. 错。每个晚上我们吃四五个小时晚饭。
19. 错。在上海待了五天以后,我们去宁波和周庄旅行了两天。

二、仿照例子改写句子

1. 我想了两个小时问题。
2. 他去过两次中国。
3. 他在北京学习了12年汉语。
4. 从星期一到星期五他工作五天。
5. 我做了两个小时作业。
6. 他照顾了我一年多。
7. 他来这里一个多月了。

第三讲 方位词与"在、是、有"

判断正误并改错

1. 错。北京大学有很多学生,是一个很大的大学。
2. 错。北京大学里有一个银行和一个邮局。
3. 对。
4. 错。那个国家有很多大城市。
5. 错。东京有很多人。
6. 错。他想到船上去看看。
7. 错。在朋友中,我们俩是最好的。

? 选词填空

| 上 中 下 |

1. 下
2. 下
3. 上
4. 上
5. 中
6. 中

综合练习

一、判断正误并改错

1. 错。我的宿舍就在教室的前边。
2. 错。商店里有很多东西。
3. 错。北京大学的北边是圆明园。
4. 错。有一只小花猫在桌子的下边。
5. 错。你的书在我这儿,不在你的房间里。
6. 错。南边是我们学校。
7. 错。澳大利亚国立大学在堪培拉。
8. 错。我最想在语法课上学习怎么可以分开这些词的用法。
9. 错。在美国,在我们大学,中文和中国文学系很不好。
10. 错。我喜欢的季节是春天。春天以前是冬天。
11. 错。我的家人住在法国的西南部。
12. 错。火车上乘客太多,挤得要命。

13. 错。我在北京过了三个星期。
14. 错。我喜欢很贵的菜，可我也很喜欢很便宜的菜，可以在路上买。
15. 错。我的家在稻香园小区的里面。
16. 错。圣母大学的图书馆是美国最大的图书馆。
17. 错。在北京逗留期间，我想去很多地方了解中国。
18. 错。从去年十一月份以后，我一直住在这所房子里。
19. 错。在电视节目里，可以看到很多有意思的事情。
20. 错。那一天在北大，我们都很高兴。
21. 错。他在床上坐着看北京电视台的节目。
22. 错。我现在住的那家宾馆条件好极了。

二、选词填空

在　是　有

1. 是　有　在　在　在
2. 是　是　是　在　是　在

三、用所给的词语加上方位词后填空

1. 路上
2. 身上
3. 窗外
4. 眼睛里
5. 楼下
6. 学生中
7. 国外

第四讲　离合词与介词

? 判断正误并改错

1. 错。你看，他不听我的话，结果上了骗子的当。
2. 错。听说你已经和她结婚了，祝贺你。
3. 错。这个月我请了几次客，花了不少钱。
4. 错。他跟朋友握手。
5. 错。考完试了，大家应该跳跳舞，放松一下。
6. 错。小时候，他的妈妈常常生他的气。
7. 错。我要和你离婚，你太糟糕了。
8. 错。我妈妈在院子里种了很多花，她喜欢给花儿照相。

? 选词填空

> 朝　向　往

1. 朝 / 向 / 往
2. 朝 / 向 / 往
3. 朝 / 向
4. 朝 / 向
5. 朝 / 向
6. 朝 / 向
7. 朝 / 向
8. 朝 / 向
9. 向
10. 向

11. 向
12. 向 / 往
13. 往
14. 往
15. 朝 / 向

第五讲　在、正、着、呢

选词填空

> 正　在

1. 正
2. 正
3. 正
4. 正
5. 在
6. 在
7. 在　在

选词填空

> 正　在　着

1. 着
2. 正 / 在

3. 着　着
4. 在　在
5. 着
6. 在
7. 着
8. 正

综合练习

一、选词填空

> 正　在　正在　着

在/正在　着　着　着　着　着　正　着　着
着　着　着　着　着　着　着　着

二、改写句子

1. 我们喝着咖啡聊天。
2. 你知道吗？我现在开心着呢。
3. 外面下着雪呢，你别走了。
4. 他现在睡觉呢，别打扰他。
5. 墙上挂着一张画儿。
6. 他看电视的时候看着看着哭了。

三、判断正误并改错

1. 错。沿着窗户对面的墙还放着一张床。
2. 错。我爬了很长时间才到山顶的时候，我高兴极了。

3. 错。我喜欢坐在一条清澈的小溪边看书。
4. 错。一天,我在一家饭馆坐着,看外面的风景。
5. 错。椅子也一起放着。
6. 错。房间地上铺着一个地毯,窗户关着。
7. 错。两个女孩儿在秋千上坐着聊天儿。
8. 错。花坛上种着几种花。
9. 错。小孩子们在操场上踢足球。
10. 错。有的人在沙发上坐着聊天。
11. 错。你说得太快了,我听不懂。
12. 错。我一直在房间等着朋友来接我。

第六讲 "了、过、(是)……的、来着","不"和"没"

下面句子中,哪些地方可以加"了"?

我决定(　)坐(　)阿眉服务的航班回(　)北京。我在广播登机之前进(了)客舱。阿眉给我看(　)她们的厨房设备(　)。我喜欢那些东西,可不喜欢阿眉对我说话的口气。

"别这样对我说话。"我说(　)。

"才没有呢。"阿眉有点委屈,"过会儿我还要亲手端茶给你(　)。"

我笑(了):"那好,现在领我去我的座位。"

"请坐,先生。提包我来帮您放上面。"

我坐下,感到很舒服(　)。阿眉又对我说(　):"你还没说那个字呢。"

我糊涂(了),猜不出。上(　)客人(了),很多人走进(了)客舱,阿眉只得走去迎接他人。我突然想(了)起来,可那个字不能在客舱里喊呀。

❓ 用"是……的"改写句子

1. 他是今天早上到的北京。
2. 他是坐火车去的新疆。
3. 他是在旅行社订的两张机票。
4. 他是去北京参加会议的。
5. 他是给朋友带的礼物。
6. 他是和家人一起去旅行的。

❓ 用"是……的"完成对话

A：喂，你好。啊，小王，是你啊。你是什么时候到的？
B：今天刚到的_____。
A：是吗？路上顺利吧？
B：还行。挺顺利的。
A：你怎么来的？坐飞机还是坐火车？
B：坐火车来的_____。
A：挺累的吧？一个人来的吗？
B：不是，_____和她一起来的_____。她不是怕坐飞机嘛。
A：对对对，我知道。她从来不坐飞机。

❓ 选词填空

| 过 | 着 | 的 | 来着 |

A：我去（过）一次新疆，是坐火车去（的）。

B：你是什么时候去（的）?
A：1994年，那时候我还是学生。背（着）一个旅行包就去了。
B：是啊。我第一次去新疆也是上学的时候。
A：你去（过）几次新疆（来着)?
B：八次。

选词填空

不　没

1. 不　不
2. 没
3. 没
4. 不/没
5. 不
6. 没
7. 不　不
8. 不

综合练习

一、判断正误并改错

1. 错。上个星期天在希尔顿饭店，我们留学生参加了一场毕业晚会。
2. 错。我们在我弟弟的家休息了三天。
3. 错。到东京以后，我们去了很多地方。
4. 错。回家的时候，我去商店买了几斤苹果。

5. 错。今天我去看了一个公寓。
6. 错。我昨天早上十点起床,然后看了半个小时电视。
7. 错。上海给我留下了很深刻的印象。
8. 错。今天早上我的朋友给我打了一个电话。
9. 错。她让我知道了北京大学的学生真聪明。
10. 错。那个晚上我们吃了四五个小时晚饭。
11. 错。我每天跟中国人说话。
12. 错。我从来没有吃过那么长时间的饭。
13. 错。突然一个朋友给他打了一个电话,问:"你在哪里?"他回答:"我正在饭店里呢。"
14. 错。那时候他给了我一束玫瑰花。"纪念今天的日子吧。"他说。
15. 错。我弟弟问我他为什么不能喝酒。
16. 错。我非常高兴,我决定来中国了。
17. 错。我高中毕业的时候打算学习中文。
18. 错。我让弟弟离开,因为今天的生日晚会只请成人。
19. 错。在四天内,我们没有空儿去游览,真遗憾。
20. 错。我看到漂亮的花儿,非常感动。
21. 错。我们走路时,下雨了。所以,我们撑开了伞。
22. 错。门口围着一群人。当时门开着。
23. 错。春天来了,校园里的花儿都开了。
24. 错。我不经常喝啤酒,其实到今天为止我从来没喝过一瓶。
25. 错。父亲得在一个星期以内回韩国。我的妈妈、弟弟和我还去了别的东北的大城市。
26. 错。有的人去美国留过学。
27. 错。我不曾看过北京的春天。
28. 错。我们是坐公共汽车去的人民大学。

二、用"了、过、着、在、正在、的、来着"填空

1. 着　了　了　了　着　着　过　过　了　了
2. 了　了　正在　了　了　着　过　了　着
3. 了　正在　过　了　在
4. 了　的　过　了　了　来着

第七讲　要、会、将，起来、下去

选词填空

继续　下去

1. 继续
2. 继续
3. （继续）下去
4. （继续）下去
5. （继续）下去
6. （继续）下去
7. （继续）下去
8. （继续）下去

翻译

1. 说下去，我在听。
2. 如果你继续这样做下去的话，总有一天你会犯大错的。
3. 他继续说下去，就像什么事儿也没发生一样。
4. 我们坚持下去直到工作做完。

5. 加油，坚持下去，你们差不多已经做完了。
6. 工作一天一天地进行下去了。

综合练习

一、用"起来""开始""下去""继续"填空

1. 开始／继续
2. （开始）起来
3. （开始）起来
4. （继续）下去
5. （继续）下去
6. 继续

二、选词填空

| 会　要　起来　下去 |

1. 会
2. 要
3. 下去
4. 要
5. 起来
6. 会
7. 下去
8. 要　会　起来

三、判断正误并改错

1. 错。要是我跟他一起去，我知道他会让我喝酒。
2. 错。我要跟中国人合租房子，这样我就每天都会有机会说中文。
3. 错。因为现在我是一个大款，所以，我要买我最想要的帽子。
4. 错。如果你去一个公园的话，你就会看见美丽的风景。
5. 错。我真的羡慕你，你一定会越来越适应外国的生活。
6. 错。我要了解中国的情况，也要了解中国的文化。
7. 错。你怎么了？现在睡起觉来？
8. 错。时间还早，我们继续喝下去吧。
9. 错。马上要放假了，我们都在准备行李。
10. 错。已经做成这样了，你也别放弃，做下去吧。

第八讲　动词重叠

判断正误并改错

1. 错。你最好想清楚了再回答。
2. 错。孩子一边哭着，一边找妈妈。
3. 错。他看了看我，什么也没说就走了。
4. 错。大家正在商量这个问题。
5. 错。在北京大学的时候，我们一起学习过。
6. 错。这就是我要看的书。
7. 对。
8. 错。我们去散散心吧。
9. 错。你这样说，真让我高兴。
10. 错。每天晚上很多人在湖边散步。
11. 错。你把那个球递给我。

第九讲 形 容 词

❓ 下列句子中，形容词做谓语没带"很"，有什么特别的意思？

1. 北京的冬天冷，其他地方不太冷。
2. 春节期间车票贵，平时没这么贵。
3. 他的汉语好，我的不太好。
4. 他的学历高，别人的学历没他高。
5. 这份工作很累，可是工资高，别的工作不太累，可是工资也不高。

❓ 根据句子的意思，用形容词的不同重叠形式改写下列句子

1. 今天她看起来漂漂亮亮的。
   你去把头发做一下，咱也漂亮漂亮。
2. 考完试了，学生们可以轻轻松松地玩儿玩儿了。
   考完试了，咱们去酒吧喝喝酒，玩儿玩儿，轻松轻松吧。
3. 这个孩子天天快快乐乐的，真让人羡慕。
   你不能总想着伤心事，应该想办法快乐快乐。

❓ 用"一点儿"或"有点儿"填空

1. 一点儿
2. 有点儿
3. 有点儿
4. 有点儿
5. 有点儿
6. 有点儿　一点儿
7. 有点儿　一点儿
8. 一点儿　有点儿　一点儿

综 合 练 习

一、写出下列形容词的重叠式

小小的　　矮矮的　　蓝蓝的　　好好的　　长长的
凉凉快快的　高高兴兴的　热热闹闹的　随随便便的　清清楚楚的
冰凉冰凉的　笔直笔直的　漆黑漆黑的

二、下列哪些形容词可以与"很"一起用？

热　整齐　累　熟悉　想家　热情

三、判断正误并改错

1. 错。这个花园很漂亮。
2. 错。他是好人。
3. 错。他有很多书。
4. 错。他的病是慢性的，得慢慢地治。
5. 错。他对我很友好。
6. 错。这是一个非常好的机会。
7. 错。他是一个很好的人。
8. 错。中国人结婚的时候，父母送很多礼物。美国人的结婚风俗不同，在结婚典礼上，朋友们给很多有用的东西。
9. 错。她比较聪明，也很努力，所以学习很好。
10. 对。
11. 错。我有点儿冷，给我拿件衣服来。
12. 错。我和他不一样。
13. 错。我的汉语比他好多了。
14. 错。妈妈轻轻地给孩子盖好被子。

15. 错。他跳得高高的。
16. 错。这件衣服很难看,我不买。
16. 错。现在一共有三个行李,都很重。
17. 错。从那里你可以远远地看一棵树、一棵草。
18. 错。她的眼睛大大的,鼻子小小的。她很聪明,说话清清楚楚的。
19. 错。我在一棵又大又漂亮的树下躺下来。
20. 错。我看得见天空上雪白的云。
21. 错。你可以得到珍贵的经验。

第十讲　量词和名词

? 根据上下文,写出合适的量词

1. 场　部　部
2. 套　套　本/本　本　章
3. 场　阵
4. 棵　朵
5. 束　支/朵
6. 支
7. 次
8. 顿
9. 张
10. 份
11. 种　种
12. 层
13. 块
14. 袋

15. 粒
16. 袋
17. 碗
18. 把
19. 盘
20. 块　块
21. 顿　场/部　家　家　瓶/杯

? 根据句子的意思，用"一+借用量词（的）+名词"的形式改写句子

1. 他的房间里堆了一地书。
2. 他喝了一肚子啤酒。
3. 他看了一个假期的书。
4. 打扫完房间后，我沾了一手土。
5. 春节那天，她穿了一身新衣服。
6. 他装了一书包书，去上学了。
7. 家里来了很多客人，坐了一屋子。/家里来了一屋子客人。
8. 生日那天，他收到很多礼物，摆了一桌子。

? 根据句子的意思，用"一+量词+（一）量词+动词"的形式改写句子

1. 他太喜欢这本书了，一遍一遍地看。
2. 他很喜欢看小说，一本一本地看。
3. 人们的生活一天一天地好起来了。
4. 他很细心地照顾她，给她喂饭，一勺一勺地喂她，直到她吃饱了。
5. 走路就是要这样，要一步一步地走。

综 合 练 习

一、用合适的量词填空

1. 弯　颗
2. 条　件
3. 颗 / 滴
4. 把　张　张
5. 块　条
6. 对
7. 副
8. 条
9. 双
10. 只　张　只　条　声
11. 架　辆　条　只

二、判断正误并改错

1. 错。我一出车站，钱包就被一个小偷偷走了。
2. 错。在北大校园里，我遇到了一位有名的老教授。
3. 错。一群可爱的小孩儿向我们跑来。
4. 错。学校周围有许多家饭店，吃饭很方便。
5. 错。香山有很多树，很多花儿，很多石头，很多松鼠。
6. 错。公园里，有的人在散步，有的人在打太极拳。
7. 错。她喜欢买东西，每个周末她都带回几双鞋、几件衣服。
8. 错。一院子的花儿都开了，漂亮极了。
9. 错。1997年，我和家人一起在日本住了两个月。

第十一讲 定 语

综 合 练 习

一、在该加"的"的地方加"的"

1. 我在候机室往乘务队打电话，她（的）同事告诉我，她去北京了，下午三点回来，并问我是她（　　）爸爸还是她（　　）姐夫，我说都不是。放下电话，我在二楼找了个好（　　）座位，一边吸烟，一边看楼下候机室里（的）人群和外面停机坪上（的）飞机；看那些银光闪闪（的）飞机，像一支支（　　）有力（的）投枪，直刺蔚蓝色（的）、一碧如洗（的）天空。当一位（　　）身材苗条（的）空中（　　）小姐穿过人群，带着晴朗（的）高空（的）气息向我走来时，尽管我定睛凝视，但除了看到道道（　　）阳光在她（　　）美丽（的）脸上流溢；看到她全身耀眼（的）天蓝色（　　）制服——我几乎什么也没看到。

2. 我始终找不到和王眉个别谈话（的）机会。白天她飞往祖国（　　）各地，把那些（　　）大腹便便（的）外国人和神态庄重（的）同胞们运来运去。晚上，她就往我住（的）地方带人，有时一两个，有时三五个。我曾问过她，是不是这一路上不安全，需要人做伴？她说不是。那我就不懂了。她（的）同事都是很可爱（的）女孩，我愿意认识她们，可是，难道她不知道我希望（的）是和她单独聊天吗？也可能是成心装糊涂。她看来有点内疚，每次来都带很多（　　）各地（的）水果：海南（的）菠萝蜜，成都（的）桔子，新疆（的）哈密瓜，大连（的）苹果……吃归吃，我还是心怀不满。

二、把下列句子扩展成含多项定语的句子
1. 叫我深深感动的是她对我的那种深深的<u>依恋</u>。
2. 你还记得那年到过咱们舰的那个小<u>女孩</u>吗?
3. 我去古城的自选食品商场买了一大堆<u>东西</u>。
4. 你心里一定充满着一些我不知道的遥远的美好的<u>东西</u>。
5. 你会碰见很多歪戴着帽子、晒得黑黑的帅<u>小伙</u>儿。
6. 我写信安慰她,告诉她我经历过的一些<u>危险</u>。
7. 我希望你做一个温柔可爱的、听话的好<u>姑娘</u>,不多嘴多舌。
8. 村里盖了许多俗气的新<u>楼房</u>。

三、判断正误并改错
1. 错。坐火车要花非常长的时间。
2. 错。电脑桌也是我做作业的地方。
3. 错。我最喜欢的地方是我的房间。
4. 错。我以为我和这样的事没关系。
5. 错。我们先打扫打扫房间,然后看大山的电视节目。
6. 错。我欣赏着一种在我旁边的芳香的花。

四、翻译
1. 那个手里抱着孩子的妇女正等着看医生。
2. 他父亲那座靠近纽约的大房子
3. 科学的两个不同方面
4. 选择地点时要考虑的另一个重要因素
5. 这个中国制造的引人注目的大铜画框
6. 一些漂亮的红砖房
7. 外国的先进经验
8. 三座日本城市
9. 一张木制小圆桌/一张小圆木桌

第十二讲 状 语

综 合 练 习

一、在合适的位置填上"地"

1. 当她开始细细（地）打量我们的船，并高兴（地）叫起来时——她看见了我。
2. "叔叔，昨天我看见过这艘军舰。"女孩歪着头（　　）骄傲（地）说。
3. 就是因为这次旅行（　　），我深深（地）爱上了中国。
4. 我到处（　　）登山临水，不停（地）往南（　　）走。
5. 她惊慌（地）跑了出去。
6. 他没再说一句话，一直紧闭着双眼，动也不动（地）坐着，脸白得像张纸。
7. 我已经（　　）不那么忧心忡忡（地）天天（　　）跑首都机场了。
8. 关义来看我，也大惊小怪（地）问："你还是无所事事（地）待着？"
9. 还是一天一天（地）、一年一年（地）干下去。
10. "可她确实（　　）是有话对我说呀。"我绝望（地）大（　　）叫。

二、将下列句子扩展成含多项状语的句子

1. 我们在公路上兴高采烈地跑着。
2. 那五年里，我们在海洋中没日没夜地执行任务。
3. 每天晚上她回去的时候，总是低垂着头，拉着我的手不言不语地、慢慢地走。
4. 晚上，我默默地和爸爸一起坐着看电视。
5. "你太累了，别这么拼命地干，要注意身体。"我心疼地对阿眉说。

6. 我忽然有几分心酸。王眉也默默地不说话。
7. 她是决不愿意放弃的！尽管她不能再用语言明明白白地告诉你。
8. 她也一定会用某种形式向你传达信息。
9. 她叹口气，不情愿地把书装回自己包里。

三、在合适的地方填上"的"或"地"
1. 我充满信任（地）乘阿眉服务（的）航班回北京。
2. 一个穿红色连衣裙（的）女孩清楚（地）出现在我的视野中。
3. "别傻呆呆（地）看我。"我拍着他（的）肩膀乐呵呵（地）说，"待会儿尝尝咱（的）手艺。"
4. 站在我身旁（的）一个老头一边从扶手上抽回自己瘦瘦（的）手，一边抱歉（地）对阿眉说："这是我（的）手"。

四、将定语和状语放在句中合适的位置
1. 兴奋的旅游者们纷纷从客舱出来了。
2. 我用望远镜看那些神情愉快的男男女女。
3. 她向我透露了心里的秘密。
4. 女孩纯朴的理想深深地感动了我。
5. 女孩却被大浪吓坏了。
6. 我实在受不了吃吃睡睡的闲居的日子。

第十三讲 结果补语

综 合 练 习

一、判断正误并改错
1. 错。我用一个小时一定能记住这些生词。
2. 错。我向外一看，看见一个人在那儿。
3. 错。我在去上课的路上看见一只狗。
4. 错。相信我们，我们一定能救活他，请你们在手术室外等着。
5. 错。我没买到（/买着）飞机票，只好坐火车去了。
6. 错。在电视节目里，可以看到一场激烈的辩论正在进行着。
7. 错。由于我那么小，忘了很多，可我记住了袋鼠、树袋熊等等。
8. 错。他说完奇怪的话以后，做了个奇怪的动作。

二、把下列句子改写成带结果补语的句子
1. 我梦见一个老同学。
2. 我猜到（/猜着）了他的意思。
3. 我没买到（/买上）飞机票。
4. 我一直学习到十点。
5. 我把杯子放在桌子上。
6. 朋友借走了我的自行车。
7. 我把坏面包扔光了。
8. 我去晚了。
9. 我吃饱了。
10. 老师把那个问题讲清楚了。
11. 我们听懂老师的话了。
12. 我累死了。

三、填上合适的结果补语

1. 完

2. 给　到

3. 到

4. 见 / 到

5. 见

6. 好

7. 错

8. 成

9. 开　开　疼

第十四讲　趋向补语与可能补语

综 合 练 习

一、写出趋向补语

1. 上来

2. 下来

3. 起来

4. 回去

5. 来

6. 出来

7. 来

8. 来 / 过来

9. 过去

10. 起来 / 出去

11. 过来　起来

12. 进去　出来
13. 起来
14. 进来
15. 到

二、填上合适的趋向补语，注意趋向补语的引申意义
 1. 下
 2. 出
 3. 出来
 4. 下来
 5. 上
 6. 上去/起来

三、用可能补语改写句子
 1. 你写的太小了，我看不清楚。
 2. 虽然衣服很脏，但是，我洗得干净。
 3. 你讲得太难了，我们听不明白。
 4. 我太累了，十层楼我走不上去，我要坐电梯。
 5. 现在买票，可能买不到了。
 6. 房间太小了，住不下十个人。
 7. 你点的菜太多了，我们吃得完吗？
 8. 爱情已经没了，还找得回来吗？
 9. 一个星期不吃饭，饿得死吗？
10. 他的网球一直打得都很好。我不知道打得败打不败他。
11. 现在才去，恐怕来不及了。
12. 明天晚上我们有一个聚会，你来得了吗？
13. 这么贵的房子，我可买不起。

四、填上合适的结果补语、趋向补语或可能补语

1. 来　不着　上　见
2. 到/在　不明白
3. 不到
4. 不上
5. 不了　上
6. 得及
7. 不得
8. 完　下
9. 起来/下来　不住
10. 过来　起来　住　起来

五、判断正误并改错

1. 错。十年以内，我打算回澳大利亚去看老朋友们。
2. 错。我们高高兴兴回家去了。
3. 错。我进他的房间的时候，他和他的女朋友很幸福地看着我的眼睛，说："我们要结婚了。"
4. 错。学习累了，去外边透透气，看看风景，轻松轻松吧。
5. 错。我应该进旁边的那座大楼去找一个空房间。
6. 错。我从来没想到外国人说中文跟中国人一样。
7. 错。过了一会儿，全身就发起痒来。

第十五讲 状态补语

综合练习

一、用状态补语完成句子（每个句子至少要有四个答案）

1. 他跑得很快 / 像兔子一样快 / 满头大汗 / 腰酸腿痛。
2. 他笑得很好看 / 肚子疼 / 上气不接下气 / 直不起腰来。
3. 他忙得不得了 / 没时间回家 / 一天一夜没合眼 / 几天没洗脸。
4. 他疼得厉害 / 冷汗直流 / 直叫 / 吃不下东西。
5. 天气冷得慌 / 大家都不敢出门 / 快要忍受不了了 / 我直打哆嗦。
6. 东西便宜得很 / 像不要钱似的 / 让人难以置信 / 令人吃惊。

二、改写下列句子

1. 他头疼得什么也不能做。
2. 他哭得眼睛都肿了。
3. 他担心得饭也吃不下，觉也睡不着。
4. 他饿得头昏眼花。
5. 他开车开得太快了。
6. 老师讲课讲得嗓子都哑了。
7. 他跑步跑得腿疼。
8. 他上网上得没有时间好好学习。

三、翻译下列句子

1. Jo 高兴得跳起舞来。Amy 惊讶得差点儿从窗台上掉出去。
2. Jo 吓得心脏都停止了跳动。
3. Beth 真的看了，高兴得脸都白了。
4. 我跑得筋疲力尽。

5. 她唱歌唱得很好。

6. 他高兴得跳起来。

7. 她哭得每个人都很难过。

8. 她唱得很好。

9. 我讲得很清楚了。

10. 天气冷得很。

11. 这本书写得很好。

12. 这条狗画得不错。

四、判断正误并改错

1. 错。他跑得很快。

2. 错。他吃完了，吃得很快。/他很快吃完了。

3. 错。去年夏天我游泳游得很多。

4. 错。他看得很高兴。

5. 错。他说得很高兴，唱得也很高兴。

6. 错。他又喊又叫，很激动。

7. 错。他高兴得跳起来。

8. 错。他正说得高兴。

9. 不太好。他跑得太慢了，简直是走不是跑。

10. 错。年轻的时候，应该多看书。

11. 错。你的病刚好，一定要好好休息。

12. 错。我们晚上七点在美国式饭馆吃了很地道的牛排。

13. 错。这个地方很美丽，有宫殿和湖泊等等，它们都做得非常棒。

14. 错。我的家离学校很远，每天早上，要比别人早起。

15. 错。我是在妈妈的鼓励下开始学习中文的，开始的时候，我学得很不好。

五、填上适当的补语

到　到　一干二净　进　起　出　开　开　成　上/来　好　下去

第十六讲　把字句和被字句

综　合　练　习

一、用"把"和"被"改写下面的句子

1. 我弟弟把一个杯子打碎了。/ 那个杯子被我弟弟打碎了。
2. 小偷把他的自行车偷走了。/ 他的自行车被小偷偷走了。
3. 小王把我丢失的铅笔找到了。/ 我丢失的铅笔被小王找到了。
4. 我把一本书放在桌子上了。/ 那本书被我放在桌子上了。
5. 我把信寄给了她。/ 信被我寄给他了。
6. 他把一只小猫带回了家。/ 那只小猫被他带回了家。
7. 老师把他批评了一个小时。/ 他被老师批评了一个小时。

二、用把字句回答问题

1. 请你把作业再做一遍。
2. 我得找人把自行车修一修。
3. 请你帮我把信交给B，好吗？
4. 你可以把车停在二楼。
5. 我要把东西送给朋友。
6. 我应该把证件和钱放在衣服里面。
7. 我得赶快把书捡起来。
8. 麻烦你帮我把这些钱换成人民币。
9. 你今天怎么把房间打扫得这么干净？
10. 请你把书拿出来，放在桌子上。

11. 它会把头缩回去。
12. 我今天去买东西，可是，我把"买"说成"卖"了。
13. 她可能把我批评一顿。
14. 请你把护照给我。
15. 老板今天快把我累死了。

三、判断正误并改错

1. 错。孩子把杯子放在桌子上。
2. 错。爸爸把茶壶放在桌子上。
3. 错。我房子里的书比较多，所以把书收拾好是最麻烦的。
4. 错。你把这五条裤子整齐地叠起来。
5. 错。孩子高高兴兴地把爸爸给他的热水喝完了。
6. 错。爸爸终于发现小孩子把桌子、桌布、杯子和咖啡壶都弄坏了。
7. 错。孩子把帽子放上去的时候，杯子不见了。
8. 错。咖啡壶掉到地上了，把咖啡洒在地上了。
9. 错。孩子一边说明一边把一个杯子放在桌子上。
10. 错。这件事把他爸爸气坏了，他发脾气了。
11. 错。我用一个锯子安安静静地锯桌子。
12. 错。小孩儿被爸爸批评了。
13. 错。爸爸对孩子失望了。/孩子让爸爸失望了。
14. 错。那个杯子被小孩儿打碎了。
15. 错。小树没被大风刮倒。
16. 错。我几乎被他打死了。

第十七讲 语气助词

综合练习

一、用"吗、吧、啊、嘛、呢、呗、啦"填空

（一）

1. 吗 / 吧 / 啊 / 啦
2. 吧
3. 吗 / 吧 / 啊 / 啦
4. 呢 / 啊 / 啦
5. 呢 / 啊
6. 吗 / 啊
7. 吗
8. 吗 / 啊
9. 呢 / 啊
10. 呢 / 啊
11. 啊 / 呢
12. 吧 / 嘛 / 呗 / 啊
13. 啊 / 嘛 / 吧 / 呗
14. 吧 / 呗
15. 啊
16. 呢
17. 啊
18. 啦
19. 呢 / 啊
20. 呢 / 啊 / 吧 / 嘛

21. 呢　呢／吧　吧
22. 呢／吧／啊
23. 吧／啊
24. 啊　啊　啊／啦　啦　啦
25. 呢　呢　呢
26. 吧／呗
27. 吧／啊／嘛
28. 啊／呢／吧

（二）

玛丽：最近忙不忙（啊／呢）?

安娜：可忙（啦）!

玛丽：忙什么（呢／啊）?

安娜：写论文（啦）、考HSK（啦）、上课（啦），忙死了。你挺悠闲的（吧）?

玛丽：才不是（呢）! 我也忙得很，天天做实验。

安娜：是（吗）? 今天晚上我们去看场电影（吧），休息休息。

玛丽：看电影（啊）? 好看（吗）?

安娜：听说可好看（啦）!

玛丽：我不大喜欢看电影，还是去跳舞（吧）!

安娜：那好（吧）。这次就再听你一次。

玛丽：本来就应该听我的（嘛）。我的主意多好（啊）!

安娜：别自我感觉良好了。我们什么时候去（啊）?

玛丽：晚饭后7:30，行（吗）?

安娜：行（啊）。要化化妆（吧）?

玛丽：当然。漂漂亮亮地跳舞才有意思（啊／嘛）!

(三)

1. 我认识王眉的时候，她十三岁，我二十岁。那时，我正在海军服役，是一名炮手。她（呢），是个来姥姥家过暑假的初中学生。
2. A：那时候，你是海军，她是干什么的？
   B：她（啊），是个来姥姥家过暑假的初中学生。
3. 你表现得像个无赖，而阿眉（呢），也做得不好，像个资产阶级小姐。
4. A：这里的房间都不太大，你就凑合着住一宿，好（吗）？
   B：房间大（呢），我住；房间小（呢），我不住。
5. A：你明天上课时把这本书带给王平。
   B：他要不来上课（呢）？
   A：他要不来上课（啊），你就交给李三。
6. 就说马戏团那些狗（啊）猩猩（啊），哪个不像小孩儿似的？

二、判断正误并改错

1. 错。他为什么这么说呢？
2. 错。你去不去啊？
3. 错。我实在不知道怎么说。
4. 错。面包已经坏了，别吃了。
5. 错。小朋友在桌子下边，在用锯子锯桌子呢。

附录一 中级语法自测题

一、选词填空（Choose words to fill in the blanks, 28%）

> 左右　前后　小时　时间　时候　以来　以后　明天　第二天

圣诞节（前后），商店里很忙。爸爸每天大概要工作十个（小时）。晚上回家的（时候），他总是累得连话都不想说。吃完晚饭（以后），九点（左右）就上床睡觉了。（第二天）早上，我和妹妹还没起床，他就走了。那个（时候），他没有（时间）陪我和妹妹玩儿。

> 在　是　有　的　地　得

我的家（在）北京东北边的一个小区里。那个小区很漂亮，也很方便：小区里（有）商店、邮局、银行等等，北面还（有）一个很大的超市；小区的中心（是）一个花园。那个花园里有很多好玩儿（的）东西，我们常常在那里玩儿（得）忘了回家，等天已经黑了，我们才飞快（地）跑回家。等着我们（的）是爸爸妈妈（的）批评和桌子上可口（的）饭菜。

> 上　中　下

刚来中国的时候，我在生活（上）、学习（上）都有很多的问题。后来，在大家的帮助（下），我渐渐习惯了在中国的生活。现在，虽然在学习（中）还常常遇到问题，但是，我知道怎么解决了。

| 和 向 对 给 |

我（给）你做饭，（和）你聊天，对你多好啊，你怎么可以这样对我？你每次（和）我吵架，我都非常生气。你不要再（对）我发脾气了，你应该（向）我道歉！

| 会 将 要 |

明天我有考试，今天我（要）好好准备。如果我今天不学习的话，明天的考试我一定（会）不及格的。那样的话，我（将）不能毕业。

| 把 支 根 趟 条 双 副 对 |

1. 我昨天去了一（趟）商店，买了一（双/副）手套，一（副）太阳镜，还有一（条）领带。
2. 那（把）椅子上有一（支/根）铅笔，是你的吗？
3. 我给你点（支/根）烟，你把那（对）花瓶送给我。

| 下来 下去 上来 上去 起来 过来 过去
回去 回来 进来 进去 出来 出去 |

1. 站（起来），你不能坐。
2. 你（进来）吧，别在外边站着了，这儿暖和一点儿。
3. 别怕，我们一起跑（出去），到外面就没问题了。
4. 现在已经九点了，爸爸妈妈一定着急了，我们（回去）吧。
5. 你敢不敢从二楼跳（下去）？我敢！
6. 太累了，我们坐（下来）休息一会儿吧。

7. 既然你已经做了，就继续做（下去）吧，别放弃。
8. 这么高兴的日子，大家一起唱（起来），跳（起来）吧。

| 见　成　到　好　完　着　住　走　掉　下 |

1. 好的，自行车现在我不用，你骑（走）吧。
2. 我昨晚做了一个梦，梦（见）了过去的老朋友。
3. 你快点儿，准备（好）了我们就出发。
4. 怎么办？我睡不（着）。你也别睡了，跟我聊会儿天儿吧。
5. 你先走吧，我看（完）这个节目就去。
6. 昨天，我终于吃（到）了北京烤鸭，太好吃了。
7. 我把你当（成）最好的朋友，你怎么可以这样对我？
8. 这些东西已经坏了，扔（掉）吧。
9. 车开得太快了，你抓（住）前面的把手。
10. 不行，你不能丢（下）我不管。

二、组词成句 (Rearrange the following words to make sentences, 6%)
1. 我刚来中国的时候，学了半年太极拳。
2. 我吃了晚饭以后也去散步。
3. 我们打算这个假期去上海旅行。
4. 他们正在房间里吃着饭呢。
5. 我看书看了四个小时，快累死了。
6. 我有一本给留学生看的语法书。

三、改写句子 (Rewrite the sentences with the given patterns or grammar points, 15%)
1. 他和朋友聊了一个小时天儿。

2. 我喜欢看着电视吃饭。
3. 他看小说的时候，看着看着哭了。
4. 我忙着准备考试，不能陪你去酒吧。
5. 他的心情不好，一杯一杯地喝酒。
6. 今天来了一屋子客人。
7. 他跑步跑累了。
8. 他跑步跑得腿很疼。
9. 字很大，很清楚，我们看得见。
10. 这篇文章是英文的。你帮忙把它翻译成中文吧。

四、判断正误并改错（True or false？ Correct it if false，51%）

1. 错。在美国，在我们大学，中文和中国文学系很不好。
2. 错。我这个学期要来中国。
3. 错。我们在上海过了五天。
4. 错。他告诉我从北京到昆明我们应该坐火车去。
5. 错。1997 年我去过一趟西安。
6. 错。我们换了好几次车。
7. 错。到洛杉矶以后，我们在那里休息了一天。
8. 错。我的家人住在法国的西南。
9. 错。我喜欢很贵的菜，可我也很喜欢很便宜的菜，可以在路上买。
10. 错。小孩子们在操场打网球。
11. 错。他在床上坐着看北京电视台的节目。
12. 错。我现在住的那家宾馆条件好极了。
13. 错。我喜欢看一个陌生的，但离我们近的国家。
14. 错。上海给我留下了很深刻的印象。
15. 错。沿窗户对面的墙还放着一张床。
16. 错。那个晚上我们吃了四五个小时晚饭。

17. 错。两个女孩儿在秋千上坐着聊天儿。
18. 错。你说得太快了,我听不懂。
19. 错。我一直在房间等着朋友来接我。
20. 错。我去他家的时候,他正要离开家。
21. 错。突然一个朋友给他打了一个电话,问:"你在哪里?"他回答:"我正在饭店里呢。"
22. 错。我们走路时,下起细雨来了。所以,我们撑开伞继续走。
23. 错。到教室以后,我发现一个人也没有。
24. 错。他有困难,你应该帮帮他的忙。
25. 对。
26. 错。那个湖旁边有很多人散步。
27. 错。大家一见面,就互相开起玩笑来。
28. 错。我喜欢一边听音乐,一边做作业。
29. 错。我看了看以后,马上就知道是怎么回事了。
30. 错。天空上雪白雪白的云,真好看。
31. 错。他是一个很努力的学生。
32. 错。孩子们安安静静地坐着看书。
33. 错。每天都高高兴兴的,多好啊。
34. 错。他有点儿醉了,你扶他回家吧。
35. 错。别开玩笑了,我比他胖多了。
36. 错。我现在住的那家宾馆条件太好了。
37. 错。你看见我的自行车了吗?
38. 错。你能给我们讲讲上海给你留下的深刻印象吗?
39. 错。他是很好的人,我们都喜欢他。
40. 错。如果你答应去的话,我就一起去。
41. 错。我对中国的印象非常好。
42. 错。学校里一共有三十个宿舍。

43. 错。我看见一棵树,也是绿色的。
44. 错。我们高高兴兴地回家去了。
45. 错。你看,从那边跑过来一个人,你要和他打招呼吗?
46. 错。我是在妈妈的鼓励下开始学习中文的,开始的时候,我学得很不好。
47. 错。在电视节目里,可以看到一场激烈的辩论正在进行着。
48. 错。过了一会儿,全身就发起痒来。
49. 错。我屋子里书比较多,所以,把书收拾整齐是最麻烦的。
50. 错。你把这五条裤子整齐地叠起来。
51. 错。小树没被大风刮倒。

主要参考文献

1. 北大中文系:《现代汉语》,商务印书馆,1993。
2. 崔建新:《可重叠为 AABB 式的形容词的范围》,《世界汉语教学》(4),1995。
3. 郭圣林:《"V 着 V 着"句的语篇考察》,《语法研究和探索(13)》,商务印书馆,2006。
4. 何杰:《现代汉语量词研究(修订版)》,民族出版社,2001。
5. 黄伯荣、廖序东:《现代汉语》,高等教育出版社,1997。
6. 李珊:《动词重叠式研究》,语文出版社,2003。
7. 李晓琪:《现代汉语虚词讲义》,北京大学出版社,2005。
8. 李英、邓小宁:《"把"字句语法项目的选取与排序研究》,《语言教学与研究》(3),2005。
9. 李英哲等:《实用汉语参考语法》,北京语言学院出版社,1990。
10. 李珠:《建立三维语法教学体系——初级阶段对外汉语语法教学研究的回顾与展望》,《世界汉语教学》(2),1997。
11. 刘月华:《汉语的形容词对定语和状语位置的选择》,Journal of the Chinese Language Teachers Associtsion,Vol.31:2,1996。
12. 刘月华:《趋向补语通释》,北京语言文化大学出版社,1998。
13. 刘月华等:《实用现代汉语语法(修订本)》,商务印书馆,2000。

14. 卢福波：《谈谈对外汉语表达语法的教学问题》，《语言教学与研究》（2），2000。
15. 卢福波：《对外汉语教学实用语法》，北京语言大学出版社，2004。
16. 鲁健骥：《对外汉语教学思考集》，北京语言文化大学出版社，1999。
17. 陆俭明：《数量词中间插入形容词情况考察》，《第二届国际汉语教学讨论会论文选》，北京语言学院出版社，1998。
18. 梅立崇：《关联副词"却"试析》，《语言教学与研究》（3），1998。
19. 孟琮：《动词和动作的方向》，《第二届国际汉语教学讨论会论文选》，北京语言学院出版社，1988。
20. 彭小川等：《对外汉语教学语法释疑201例》，商务印书馆，2004。
21. 王还：《汉语的状语与"得"后的补语和英语的状语》，《语言教学与研究》（4），1984。
22. 王邱丕君、施建基：《程度与情状》，《中国语文》（9），1990。
23. 王邱丕君：《扩展、排他、强调——说补语》，《语言教学与研究》（4），1991。
24. 王邱丕君：《补语与状语的比较》，《语言教学与研究》（4），1992。
25. 徐晶凝：《关于程度副词的对外汉语教学》，《南开学报（哲社版）》（5），1998。
26. 徐晶凝：《现代汉语话语情态表达研究》，北京大学中文系博士论文，2005。
27. 袁毓林：《汉语语法研究的认知视野》，商务印书馆，2004。
28. 张国宪：《性状的语义指向规则及句法异位的语用动机》，《中国语文》（1），2005。
29. 赵秀英：《汉语的"补语"概念在意大利语中的表现》，《语言教学与研究》（4），1991。

30. 赵元任著、吕叔湘译：《汉语口语语法》，商务印书馆，1979。

31. 朱德熙：《语法讲义》，商务印书馆，1982。

32. Li & Thompson: Mandarin Chinese: a Functional Reference Grammar, University of California Press,1981.

33. Shie, Chi-Chiang(解志强): a Discourse-Functional Analysis of Mandarin Sentence -final Particles, National Chengchi University M. A. thesis, 1991.